이것이 기초 영문법의 시작이다!

THIS IS GRAMMAR Starter

넥서스에듀 학습시스템

www.nexusEDU.kr
www.nexusbook.com

★ 영어의 첫걸음을 위한 **기초 영문법 포인트**
★ 간단하고 체계적으로 정리된 **이해하기 쉬운 문법 설명**
★ 단어 → 구 → 문장 쓰기 훈련으로 이어지는 **단계별 Grammar 충전하기**
★ 배운 내용을 실생활에 응용하는 **EngGoGo 번역 훈련**
★ 중등 내신 문제로 마무리하고 실전에 대비하는 **Final Review**
★ 창의적 활동으로 응용력을 키워주는 **영문법+쓰기 워크북**

기초 문법의 확실한 첫걸음
THIS IS GRAMMAR Starter 1~3 영어교육연구소 지음 | 205×265 | 144쪽(워크북, 정답 및 해설 포함) | 각 권 12,000원

NEXUS Edu
LEVEL CHART

분야	교재	초1	초2	초3	초4	초5	초6	중1	중2	중3	고1	고2	고3
VOCA	초등필수 영단어 1-2·3-4·5-6학년용	■	■	■	■	■	■						
	The VOCA + (플러스) 1~7					■	■	■	■	■	■	■	
	THIS IS VOCABULARY 입문 · 초급 · 중급			■	■	■	■	■	■	■			
	THIS IS VOCABULARY 고급 · 어원 · 수능 완성 · 뉴텝스								■	■	■	■	■
Grammar	초등필수 영문법 + 쓰기 1~2			■	■	■	■						
	OK Grammar 1~4			■	■	■	■						
	This Is Grammar Starter 1~3			■	■	■	■						
	This Is Grammar 초급~고급 (각 2권: 총 6권)					■	■	■	■	■	■	■	■
	Grammar 공감 1~3						■	■	■	■			
	Grammar 101 1~3						■	■	■	■			
	Grammar Bridge 1~3 (개정판)						■	■	■	■			
	중학영문법 뽀개기 1~3						■	■	■	■			
	The Grammar Starter, 1~3						■	■	■	■	■		
	구사일생 (구문독해 Basic) 1~2									■	■	■	■
	구문독해 204 1~2									■	■	■	■
	그래머 캡처 1~2								■	■	■	■	
	[특단] 어법어휘 모의고사									■	■	■	■

분야	교재	초1	초2	초3	초4	초5	초6	중1	중2	중3	고1	고2	고3
Writing	도전만점 중등내신 서술형 1~4						■	■	■	■			
	영어일기 영작패턴 1–A, B · 2–A, B				■	■	■	■	■				
	Smart Writing 1~2				■	■	■	■	■	■			
Reading	Reading 101 1~3					■	■	■	■	■			
	Reading 공감 1~3					■	■	■	■	■			
	This Is Reading Starter 1~3					■	■	■	■	■			
	This Is Reading 전면 개정판 1~4						■	■	■	■	■		
	This Is Reading 1–1 ~ 3–2 (각 2권; 총 6권)					■	■	■	■	■	■		
	원서 술술 읽는 Smart Reading Basic 1~2						■	■	■	■			
	원서 술술 읽는 Smart Reading 1~2									■	■	■	
	[특단] 구문독해									■	■	■	■
	[특단] 독해유형									■	■	■	■
Listening	Listening 공감 1~3						■	■	■	■			
	The Listening 1~4					■	■	■	■	■			
	After School Listening 1~3						■	■	■	■			
	도전! 만점 중학 영어듣기 모의고사 1~3						■	■	■	■			
	만점 적중 수능 듣기 모의고사 20회 · 35회									■	■	■	■
TEPS	NEW TEPS 기본편 실전 300⁺ 청해 · 문법 · 독해						■	■	■	■			
	NEW TEPS 실력편 실전 400⁺ 청해 · 문법 · 독해							■	■	■	■	■	
	NEW TEPS 마스터편 실전 500⁺ 청해 · 문법 · 독해								■	■	■	■	■

기초 문법의 확실한 첫걸음

THIS IS GRAMMAR

Starter

THIS IS GRAMMAR Starter 2

지은이 영어교육연구소
펴낸이 최정심
펴낸곳 (주)GCC

출판신고 제 406-2018-000082호 ①
10880 경기도 파주시 지목로 5
전화 (031) 8071-5700 팩스 (031) 8071-5200

ISBN 979-11-89432-27-0 64740
979-11-89432-25-6 (SET)

가격은 뒤표지에 있습니다.
잘못 만들어진 책은 구입처에서 바꾸어 드립니다.

www.nexusbook.com
www.nexusEDU.kr

기초 문법의 확실한 첫걸음

THIS IS GRAMMAR

영어교육연구소 지음

Starter 2

NEXUS Edu

THIS IS GRAMMAR Starter

이렇게 공부해 보세요!

Step 1 Grammar 충전소

Unit 별 필수 문법 포인트 이해하기

Step 2 Check-up

개념 정리 문제로 기초 다지기

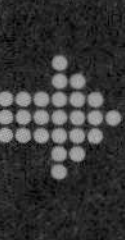

Step 3 Grammar 충전하기 10~70%

단계별 영문법+쓰기 훈련하기

Step 4 Grammar 충전하기 90%

EngGOGO 번역기로 한-영, 영-한 번역 훈련하기

Step 5 Grammar 충전하기 100%

중등 내신 유형 맛보기

Step 6 Workbook

창의력 워크북으로 재미있게 Unit 마스터하기

Special Step 1 Review 1

Grammar 카드 충전소로 학습 내용 다시 정리

Special Step 2 Review 2

Final Review로 실전 대비 훈련

Don't Forget 3 Review 3

QR코드 찍고 추가학습 Go Go!

- 모바일 단어장
- VOCA TEST
- 카드 충전소 정답 확인
- 동사 변화형 TEST

Features

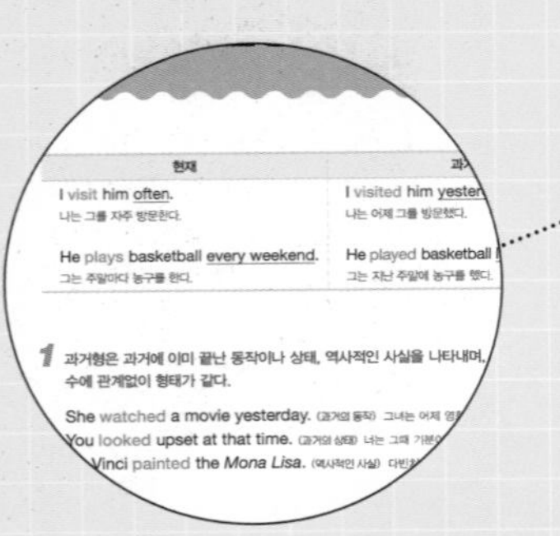

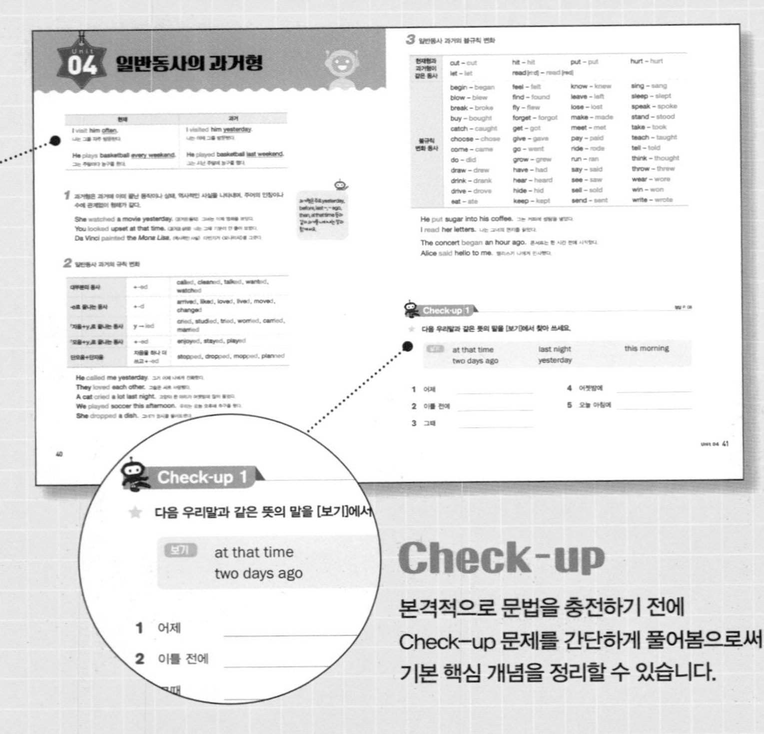

Grammar
핵심 설명 요약

총 8개의 Unit (Grammar 충전소)에서
초·중등 필수 영문법을 충전합니다.
한눈에 보기 쉽게 도표로 정리되어 있어
빠르게 핵심 영문법을 충전할 수 있습니다.

Check-up

본격적으로 문법을 충전하기 전에
Check-up 문제를 간단하게 풀어봄으로써
기본 핵심 개념을 정리할 수 있습니다.

Grammar 충전하기 10~70%

Grammar 충전소에서 배운 문법 사항을
정답 고르기, 빈칸 채우기, 배열하기, 문장 쓰기 등
다양하게 적용해 보면서 영문법을 충전합니다.

10% → 30% → 50% → 70%

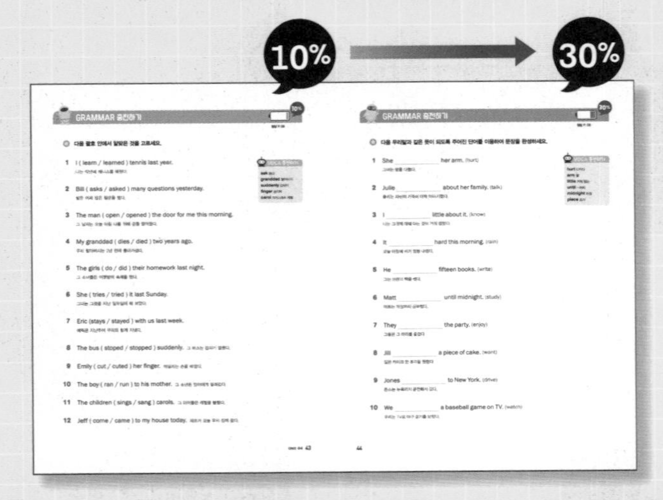

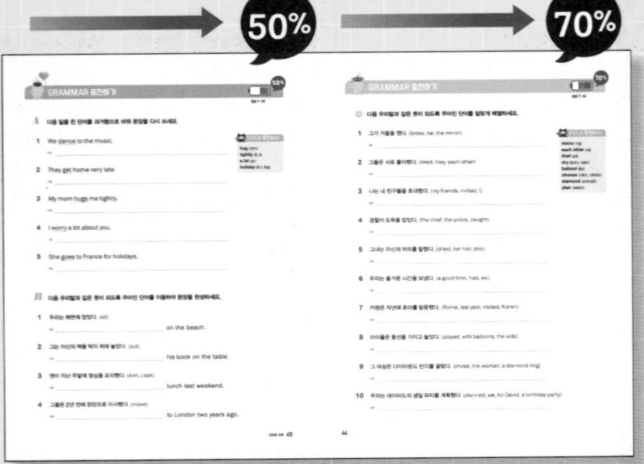

단어(word) → 구(phrase) → 문장(sentence)을 쓸 수 있게 단계별 연습 문제로 구성되어 있습니다.

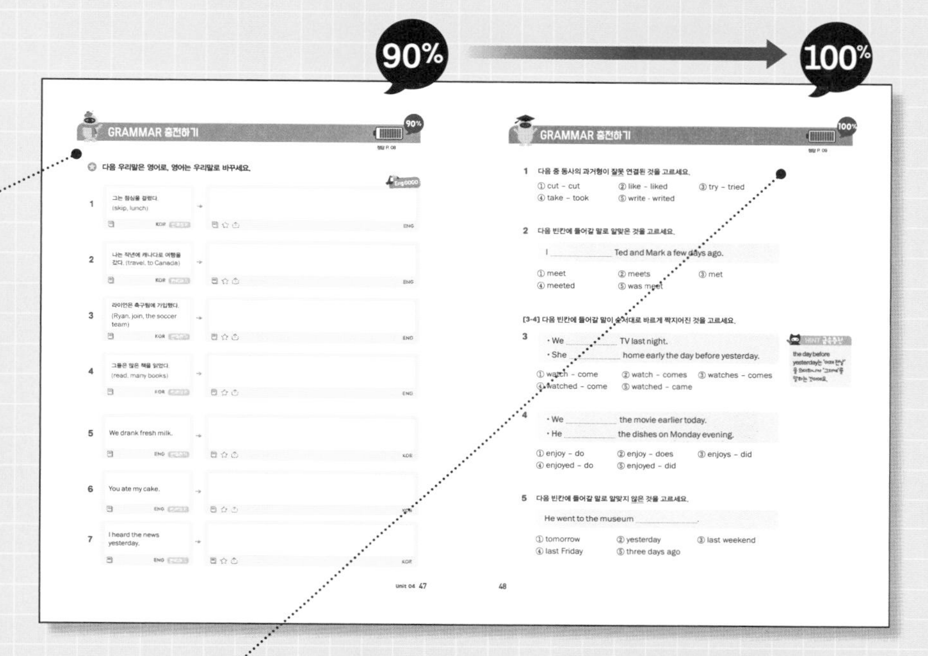

Grammar 충전하기 90%

90%가 충전되면
EngGOGO번역기처럼
한국어는 영어로, 영어는 한국어로
번역할 수 있는 실력을 갖추게 됩니다.

Grammar 충전하기 100%

100%가 충전되면 Grammar 충전소에 있는
문법 사항들을 100% 활용하여
학교 시험에서 볼 수 있는 문제를 쉽게
해결할 수 있습니다.

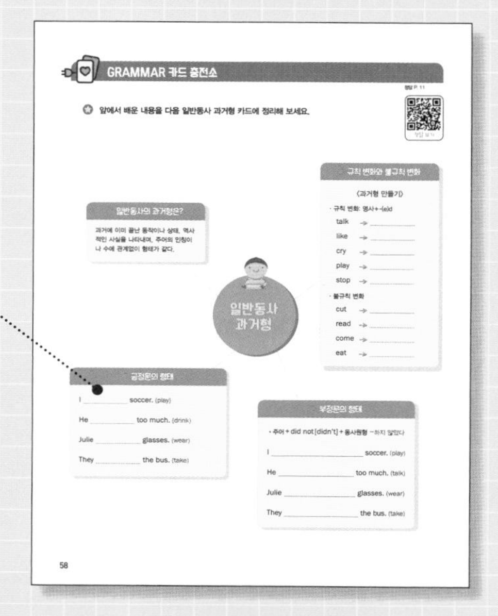

Grammar 카드 충전소

카드 충전소에서는 앞에서 배운 핵심 문법
내용을 정리하면서 영문법 기초를 확실히
다질 수 있습니다.

Features

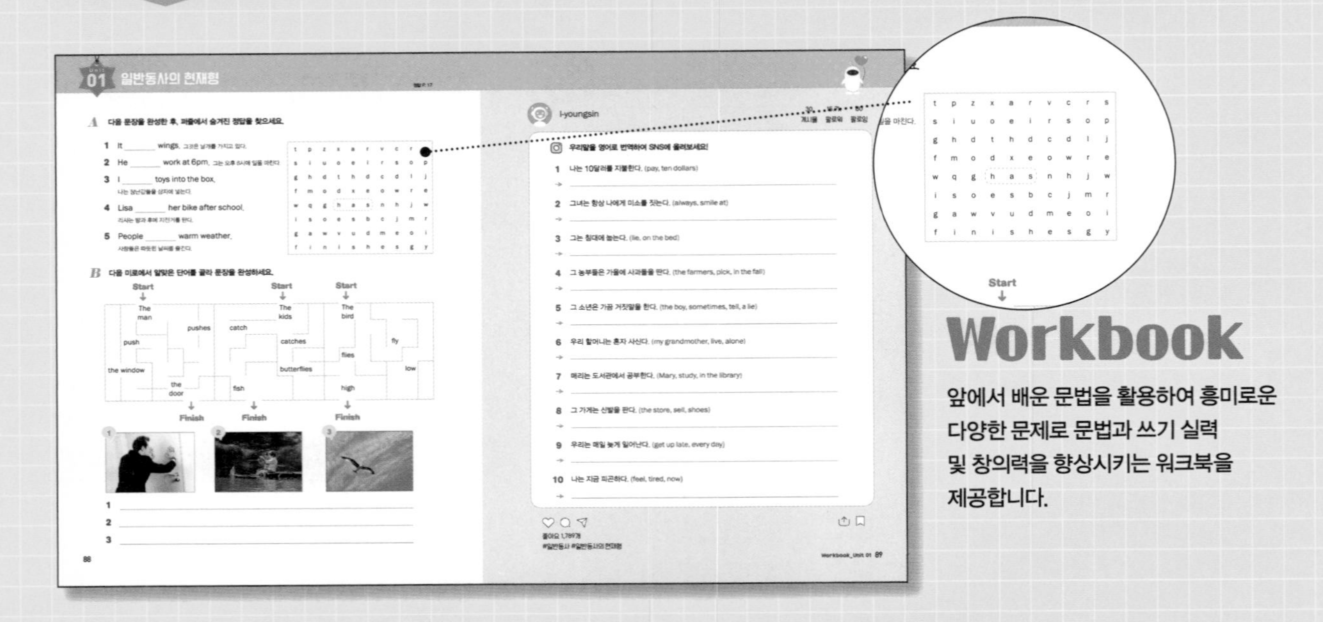

Workbook

앞에서 배운 문법을 활용하여 흥미로운 다양한 문제로 문법과 쓰기 실력 및 창의력을 향상시키는 워크북을 제공합니다.

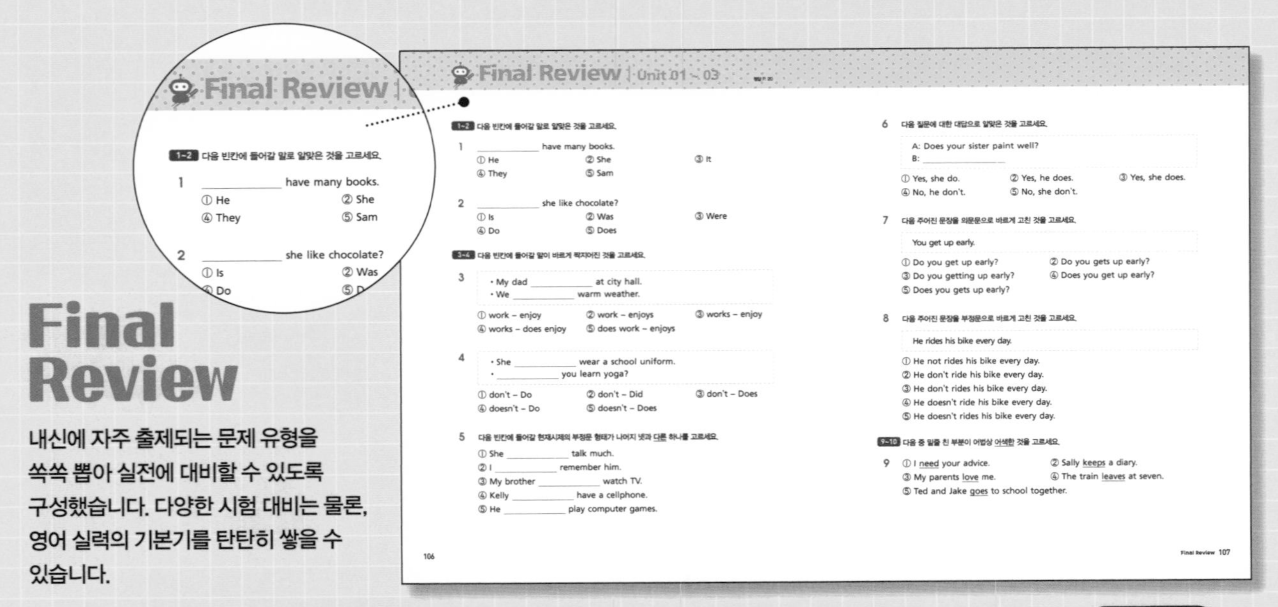

Final Review

내신에 자주 출제되는 문제 유형을 쏙쏙 뽑아 실전에 대비할 수 있도록 구성했습니다. 다양한 시험 대비는 물론, 영어 실력의 기본기를 탄탄히 쌓을 수 있습니다.

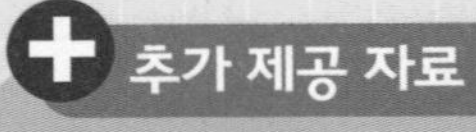

추가 제공 자료 www.nexusEDU.kr www.nexusbook.com

- 모바일 단어장 & VOCA TEST
- 어휘 리스트 & 테스트지
- 동사변화표 & 테스트지
- 내신 + 서술형 대비 추가 문제
- 카드 충전소 정답 확인

CONTENTS

Study Plans

 24일 완성 초급자

일	유닛	진도	진도 표시
1일	Unit 01	충전하기 10~70%	✔
2일		충전하기 90%~100%	
3일		Workbook	
4일	Unit 02	충전하기 10~70%	
5일		충전하기 90%~100%	
6일		Workbook	
7일	Unit 03	충전하기 10~70%	
8일		충전하기 90%~100%	
9일		Workbook + Final Review	
10일	Unit 04	충전하기 10~70%	
11일		충전하기 90%~100%	
12일		Workbook	
13일	Unit 05	충전하기 10~70%	
14일		충전하기 90%~100%	
15일		Workbook	
16일	Unit 06	충전하기 10~70%	
17일		충전하기 90%~100%	
18일		Workbook + Final Review	
19일	Unit 07	충전하기 10~70%	
20일		충전하기 90%~100%	
21일		Workbook	
22일	Unit 08	충전하기 10~70%	
23일		충전하기 90%~100%	
24일		Workbook + Final Review	

 16일 완성 중급자

일	유닛	진도	진도 표시
1일	Unit 01	충전하기 10~90%	✔
2일		충전하기 100% + Workbook	
3일	Unit 02	충전하기 10~90%	
4일		충전하기 100% + Workbook	
5일	Unit 03	충전하기 10~100%	
6일		Workbook + Final Review	
7일	Unit 04	충전하기 10~90%	
8일		충전하기 100% + Workbook	
9일	Unit 05	충전하기 10~90%	
10일		충전하기 100% + Workbook	
11일	Unit 06	충전하기 10~100%	
12일		Workbook + Final Review	
13일	Unit 07	충전하기 10~90%	
14일		충전하기 100% + Workbook	
15일	Unit 08	충전하기 10~100%	
16일		Workbook + Final Review	

 8일 완성 고급자

일	유닛	진도 표시
1일	Unit 01	✔
2일	Unit 02	
3일	Unit 03	
4일	Unit 04	
5일	Unit 05	
6일	Unit 06	
7일	Unit 07	
8일	Unit 08	

THIS IS
GRAMMAR
Starter

일반동사의 현재형

주어(1인칭, 2인칭, 복수)	동사원형	주어(3인칭 단수)	동사원형+-(e)s
I / we / you / they / 복수명사	learn wash study buy	he / she / it / 단수명사	learns washes studies buys

1 일반동사 현재형은 현재의 상태나 습관, 일반적인 사실이나 불변의 진리 등을 나타낼 때 사용한다.

I feel happy. (상태) 나는 행복하다.
She gets up early. (습관) 그녀는 일찍 일어난다.
They speak French. (사실) 그들은 프랑스어를 쓴다.
Water boils at 100°C. (진리) 물은 섭씨 100도에서 끓는다.

현재형은 주로 every day, every Sunday, once [twice] a week, on weekends 등과 같이 현재를 나타내는 말과 함께 써요.

2 주어가 1인칭, 2인칭 복수일 경우는 동사원형을 쓰고, 3인칭 단수일 경우 -(e)s를 붙인다.

★ 3인칭 단수 현재형 만드는 법

대부분의 동사	+ -s	want → wants like → likes	hope → hopes help → helps	
-o, -x, -s, -ss, -ch, -sh로 끝나는 동사	+ -es	go → goes miss → misses	fix → fixes watch → watches	
「자음+y」로 끝나는 동사	-y → ies	fly → flies	cry → cries	try → tries
「모음+y」로 끝나는 동사	+ -s	say → says	stay → stays	pray → prays
불규칙 동사	have → has			

I learn the piano. 나는 피아노를 배운다.
He learns the piano. 그는 피아노를 배운다.

We wash our hands often. 우리는 자주 손을 씻는다.
She washes her hands often. 그녀는 자주 손을 씻는다.

They study very hard. 그들은 아주 열심히 공부한다.
He studies very hard. 그는 아주 열심히 공부한다.

정답 P. 02

★ **다음 주어진 동사의 3인칭 단수 현재형을 쓰세요.**

1 read 읽다 → ________

2 build 짓다 → ________

3 visit 방문하다 → ________

4 make 만들다 → ________

5 know 알다 → ________

6 jump 뛰다 → ________

7 end 끝나다 → ________

8 cry 울다 → ________

9 think 생각하다 → ________

10 drop 떨어뜨리다 → ________

11 help 돕다 → ________

12 die 죽다 → ________

13 come 오다 → ________

14 give 주다 → ________

15 save 구하다 → ________

16 go 가다 → ________

17 put 놓다 → ________

18 arrive 도착하다 → ________

19 worry 걱정하다 → ________

20 try 노력하다 → ________

21 stay 머무르다 → ________

22 do 하다 → ________

23 have 가지다 → ________

24 tell 말하다 → ________

25 mix 섞다 → ________

26 fly 날다 → ________

27 stop 멈추다 → ________

28 shut 닫다 → ________

29 flow 흐르다 → ________

30 miss 그리워하다 → ________

31 speak 말하다 → ________

32 hear 듣다 → ________

33 add 더하다 → ________

34 catch 잡다 → ________

35 send 보내다 → ________

36 dig 파다 → ________

37 scream 소리 지르다 → ________

38 look 보다 → ________

39 leave 떠나다 → ________

40 tie 묶다 → ________

41 wish 바라다 → ________

42 laugh 웃다 → ________

43 sell 팔다 → ________

44 spin 돌리다 → ________

GRAMMAR 충전하기

10%

정답 P. 02

다음 밑줄 친 부분에 유의하여 괄호 안에서 알맞은 것을 고르세요.

VOCA 충전하기

- **see** 보다
- **polar bear** 북극곰
- **go to bed** 자다
- **answer** 대답, 답
- **look** ~처럼 보이다
- **golf** 골프
- **jump** 뛰다, 점프하다
- **all the time** 항상
- **draw** 그리다

1 I (see / sees) a polar bear.
He (see / sees) a polar bear.

2 We (go / goes) to bed early.
She (go / goes) to bed early.

3 They (know / knows) the answer.
She (know / knows) the answer.

4 We (run / runs) to school.
He (run / runs) to school.

5 You (need / needs) our help.
She (need / needs) our help.

6 The girl (look / looks) pretty.
The girls (look / looks) pretty.

7 The man (play / plays) golf.
The men (play / plays) golf.

8 The boy (jump / jumps) on the bed.
The boys (jump / jumps) on the bed.

9 The baby (cry / cries) all the time.
The babies (cry / cries) all the time.

10 The child (draw / draws) animals in art class.
The children (draw / draws) animals in art class.

GRAMMAR 충전하기

30%

정답 P. 02

다음 주어진 단어를 이용하여 우리말에 맞게 문장을 완성하세요.

1 I ____________ to hip-hop every morning. (listen)
나는 매일 아침 힙합을 듣는다.

2 You ____________ enough time. (have)
너는 충분한 시간이 있다.

3 She ____________ on the bench. (sit)
그녀는 벤치에 앉는다.

4 He ____________ soccer games on TV every night. (watch)
그는 매일 밤 TV로 축구 경기를 본다.

5 It ____________ across the sky. (fly)
그것은 하늘을 가로질러 난다.

6 We ____________ our house every year. (paint)
우리는 매년 우리 집을 페인트칠한다.

7 They ____________ at a hotel. (stay)
그들은 호텔에 묵는다.

8 The girl ____________ her hair. (brush)
그 소녀는 자신의 머리를 빗는다.

9 My mom always ____________ about me. (worry)
우리 엄마는 항상 나를 걱정하신다.

10 The early bird ____________ the worm. (catch)
일찍 일어나는 새가 벌레를 잡는다.

VOCA 충전하기

listen to ~을 듣다
hip-hop 힙합
enough 충분한
sit 앉다
across 건너서, 가로질러
paint 페인트칠하다
hotel 호텔
worry 걱정하다
about ~ 대한, ~ 대해
early 이른, 빠른
worm 벌레

GRAMMAR 충전하기

정답 P. 02

다음 [보기]와 같이 괄호 안에 주어진 단어로 시작하는 문장으로 바꿔 쓰세요.

> 보기 I clean the windows every day.
> → My mom cleans the windows every day. (my mom)

1 They study hard for exams.
→ ______________________ hard for exams. (he)

2 Sean comes from Sweden.
→ ______________________ from Sweden. (we)

3 My neighbors talk too much.
→ ______________________ too much. (Mrs. Smith)

4 We buy movie tickets.
→ ______________________ movie tickets. (she)

5 I relax on the sofa.
→ ______________________ on the sofa. (my mom)

6 The child crosses the street here.
→ ______________________ the street here. (I)

7 They touch my heart.
→ ______________________ my heart. (it)

8 He goes on a picnic.
→ ______________________ on a picnic. (Kelly and I)

9 We watch TV in the evening.
→ ______________________ TV in the evening. (my sister)

VOCA 충전하기

- **window** 창문
- **exam** 시험
- **Sweden** 스웨덴
- **neighbor** 이웃
- **ticket** 티켓, 표
- **relax** 휴식을 취하다, 쉬다
- **sofa** 소파
- **cross** 건너다
- **street** 거리, 길
- **touch one's heart** ~을 감동시키다
- **go on a picnic** 소풍 가다
- **evening** 저녁

정답 P. 03

다음 우리말과 같은 뜻이 되도록 주어진 단어를 알맞게 배열하세요.

1 그는 자신의 인생을 즐긴다. (life, enjoys, he, his)

→ ______________________

2 그 기차는 매시간 출발한다. (leaves, every hour, the train)

→ ______________________

3 그 상점들은 9시에 문을 닫는다. (at nine, close, the shops)

→ ______________________

4 새는 날개를 가지고 있다. (have, birds, wings)

→ ______________________

5 해는 서쪽으로 진다. (in the west, the sun, sets)

→ ______________________

6 아이들은 숨바꼭질을 한다. (hide-and-seek, play, the children)

→ ______________________

7 멕시코 사람들은 스페인어를 한다. (speak, Mexicans, Spanish)

→ ______________________

8 그는 매달 머리를 자른다. (a haircut, he, gets)

→ ______________________ every month.

9 그들은 방과 후에 피아노를 연습한다. (practice, the piano, they)

→ ______________________ after school.

10 그 학생들은 매일 학교 버스를 탄다. (the students, the school bus, take)

→ ______________________ every day.

VOCA 충전하기

life 인생
shop 가게, 상점
close (문을) 닫다
wing 날개
set (해가) 지다
west 서쪽
hide-and-seek 숨바꼭질
Spanish 스페인어
get a haircut 이발하다, 머리를 자르다
practice 연습하다

GRAMMAR 충전하기

정답 P. 03

다음 우리말은 영어로, 영어는 우리말로 바꾸세요.

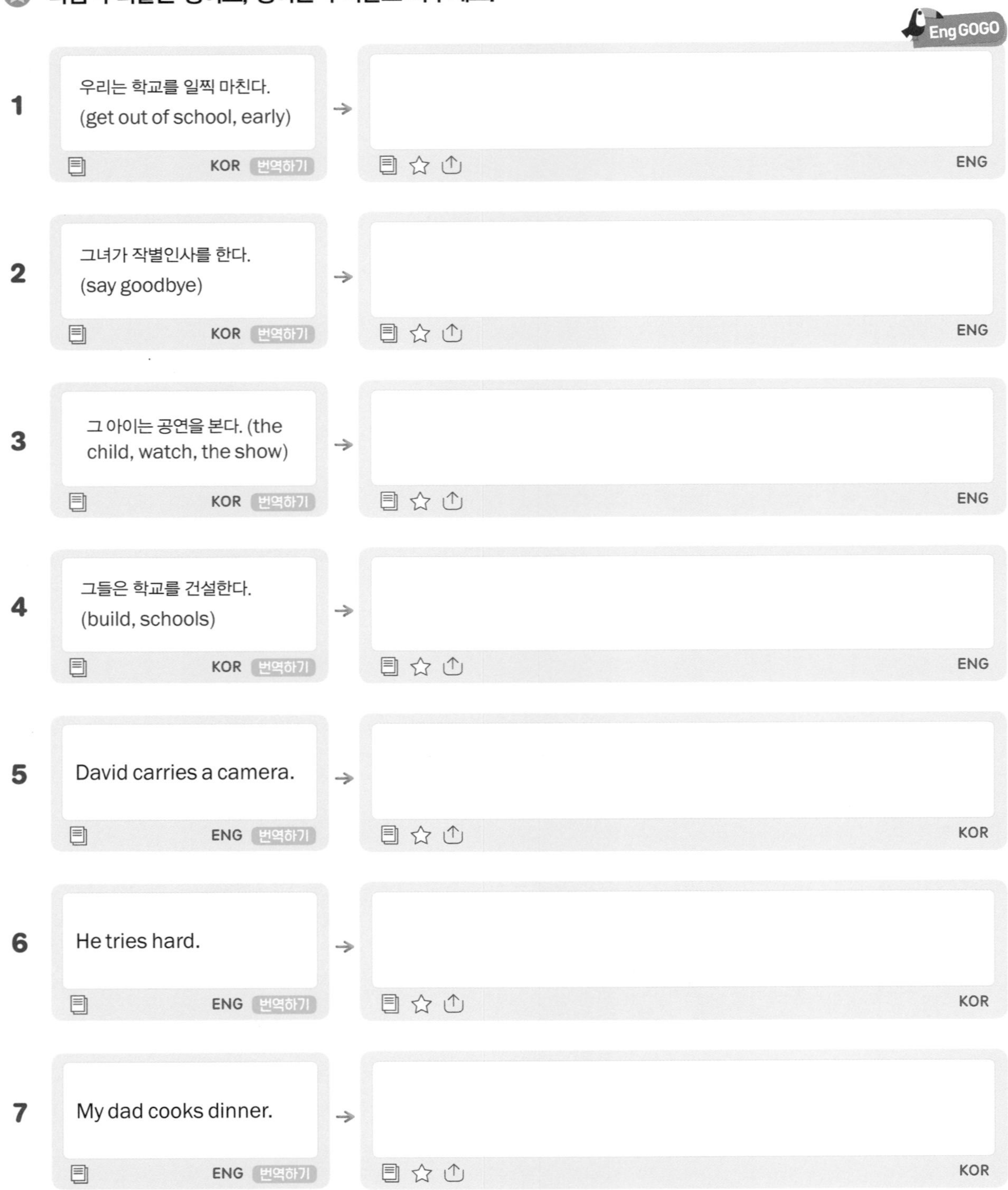

Eng GOGO
1
우리는 학교를 일찍 마친다.
(get out of school, early)
KOR 번역하기
ENG
2
그녀가 작별인사를 한다.
(say goodbye)
KOR 번역하기
ENG
3
그 아이는 공연을 본다. (the child, watch, the show)
KOR 번역하기
ENG
4
그들은 학교를 건설한다.
(build, schools)
KOR 번역하기
ENG
5
David carries a camera.
ENG 번역하기
KOR
6
He tries hard.
ENG 번역하기
KOR
7
My dad cooks dinner.
ENG 번역하기
KOR

GRAMMAR 충전하기

정답 P. 03

[1-3] 다음 빈칸에 들어갈 말로 알맞은 것을 고르세요.

1

_____________ fixes cars.

① I　② You　③ He　④ They　⑤ We

2

_____________ study science for 2 hours every day.

① I　② Mike　③ She　④ He　⑤ It

3

_____________ rides the bicycle every morning.

① I　② You　③ She　④ They　⑤ We

4 다음 빈칸에 들어갈 말로 알맞지 않은 것을 고르세요.

보기 They _____________ well.

① cook　② sing　③ swim　④ dances　⑤ sleep

5 다음 우리말을 영어로 바꿀 때 빈칸에 알맞은 말을 고르세요.

보기 그 아기는 하루 종일 운다.
= The baby _____________ all day.

① cry　② crys　③ cryes　④ cris　⑤ cries

HINT 긴급충전
「자음+y」로 끝나는 동사는 y를 i로 고치고 -es를 붙여서 3인칭 단수형을 만들어요.

6 다음 괄호 안의 단어를 알맞게 변형하여 문장을 완성하세요. (필요 시 변형할 것)

1) We ___________ for peace every morning. (pray)
2) Stella ___________ at me. (smile)

100%

7 다음 밑줄 친 부분을 바르게 고쳐 다시 쓰세요.

1) He do yoga every day.

→ ______________________

2) You and Mr. Kim looks healthy.

→ ______________________

HINT 긴급충전
you(너)와 Mr. Kim이 같이 있으면 you(너희들)가 되니, 일반동사는 복수형으로 써야 해요.

8 다음 우리말에 맞게 주어진 단어를 바르게 배열하세요.

그는 중학교에서 수학을 가르친다. (math, at a middle school, teaches, he)

→ ______________________

9 다음 우리말과 같은 뜻이 되도록 주어진 단어를 이용하여 영작하세요.

1) 그녀는 자신의 조부모님이 그립다. (miss, grandparents)

→ ______________________

2) 우리는 우리의 숙제를 한다. (do, homework)

→ ______________________

10 다음 문장을 괄호 안에 주어진 지시대로 바꿔 문장을 다시 쓰세요.

They play baseball after school. (They → He)

→ ______________________

GRAMMAR 카드 충전소

정답 P. 03

앞에서 배운 내용을 다음 일반동사 현재형 카드에서 정리해 보세요.

일반동사의 현재형은?

현재의 상태나 습관, 일반적인 사실이나 불변의 진리 등을 나타낼 때 사용한다.

일반동사 현재형의 형태 (1)

· 1인칭, 2인칭, 복수 주어 + 동사원형

I ________ fish. (like)

You ________ the dishes. (wash)

They ________ their best. (try)

The boys ________ soccer. (play)

We ________ lunch at noon. (have)

일반동사의 현재형

일반동사의 3인칭 단수형

· 대부분의 동사 + -s

read → ________

clean → ________

· -o, -x, -s, -ss, -ch, -sh로 끝나는 동사 + -es

do → ________

pass → ________

· 「자음 + y」로 끝나는 동사: y → ies

fly → ________

cry → ________

· 「모음 + y」로 끝나는 동사 + -s

pray → ________

stay → ________

· 불규칙 동사

have → ________

일반동사 현재형의 형태 (2)

· 3인칭 단수 주어 + 동사원형 + (e)s

It ________ fish. (like)

He ________ the dishes. (wash)

She ________ her best. (try)

The boy ________ soccer. (play)

Sam ________ lunch at noon. (have)

Unit 02 일반동사 현재형의 부정문

1인칭, 2인칭, 복수 주어	+ do not[don't] + 동사원형
3인칭 단수 주어	+ does not[doesn't] + 동사원형

1 일반동사 현재형의 부정문은 '~하지 않다'라는 의미로 「do/does not+동사원형」의 형태로 쓴다.

I do not eat carrots. 나는 당근을 먹지 않는다.
She does not do the dishes. 그녀는 설거지를 하지 않는다.

일반동사 부정문을 만드는 do는 조동사로, '~하다'라는 뜻을 가진 일반동사 do와는 다르게 쓰여요.

2 주어가 1인칭, 2인칭, 복수일 경우 「do not+동사원형」을 쓰며, do not은 don't로 줄여 쓸 수 있다.

I walk to school. 나는 학교에 걸어간다.
→ I do not[don't] walk to school. 나는 학교에 걸어서 가지 않는다.

They live in Vancouver. 그들은 밴쿠버에 산다.
→ They do not[don't] live in Vancouver. 그들은 밴쿠버에 살지 않는다.

3 주어가 3인칭 단수일 경우 「does not+동사원형」을 쓰며, does not은 doesn't로 줄여 쓸 수 있다.

She has long hair. 그녀는 머리가 길다.
→ She does not[doesn't] have long hair. 그녀는 머리가 길지 않다.

It smells good. 그것은 냄새가 좋다.
→ It does not[doesn't] smell good. 그것은 냄새가 좋지 않다.

GRAMMAR 충전하기

정답 P. 04

A 다음 밑줄 친 부분에 유의하여 괄호 안에 알맞은 것을 고르세요.

1 I (do not / does not) like sweets.

2 He (do not / does not) know me.

3 You (do not / does not) look well.

4 It (do not / does not) work well.

5 Kate (do not / does not) eat meat.

6 They (do not / does not) speak French.

VOCA 충전하기

sweet 단 것
well 건강한, 잘
work 작동하다
meat 고기
French 프랑스어

B 다음 빈칸에 don't 또는 doesn't를 쓰세요.

1 She ______________ wear glasses.

2 We ______________ have much time.

3 I ______________ need your help.

4 Mark ______________ drive a car.

5 My parents ______________ sleep late.

6 The movie ______________ begin soon.

much 많은
sleep late 늦잠을 자다
begin 시작하다
soon 곧

GRAMMAR 충전하기

30%

정답 P. 04

A 다음 밑줄 친 부분에 유의하여 부정문을 완성하세요.

1 He watches TV. 그는 TV를 본다.
→ He ________ ________ watch TV. 그는 TV를 보지 않는다.

2 I want new sneakers. 나는 새 운동화를 원한다.
→ I ________ ________ want new sneakers. 나는 새 운동화를 원하지 않는다.

3 She studies hard. 그녀는 열심히 공부한다.
→ She ________ ________ study hard. 그녀는 열심히 공부하지 않는다.

4 You understand me. 너는 나를 이해한다.
→ You ________ ________ understand me. 너는 나를 이해하지 못한다.

5 It sounds interesting. 그것은 재미있게 들린다.
→ It ________ ________ sound interesting. 그것은 재미있게 들리지 않는다.

VOCA 충전하기
sneaker 운동화
understand 이해하다
sound ~인 것 같다, ~처럼 들리다

B 다음 주어진 단어를 이용하여 부정문을 완성하세요. (단, 축약형으로 쓸 것)

1 He ________ ________ the guitar. (learn)

2 We ________ ________ his story. (believe)

3 They ________ ________ a cooking class. (take)

4 The store ________ ________ on Monday. (open)

5 My brother ________ ________ his room. (clean)

6 Sammy and I ________ ________ lunch together. (have)

VOCA 충전하기
guitar 기타
believe 믿다
story 이야기
cooking class 요리 수업
open (문 등을) 열다
together 함께, 같이

GRAMMAR 충전하기

정답 P. 04

A 다음 주어진 문장을 부정문으로 바꿔 쓰세요.

1 I exercise every day.

→ ______________________________

2 The students make noise.

→ ______________________________

3 My neighbor says hello to me.

→ ______________________________

4 He reads a newspaper.

→ ______________________________

5 They enjoy winter sports.

→ ______________________________

VOCA 충전하기

exercise 운동하다
make noise 떠들다
say hello to ~에게 인사하다
newspaper 신문
sport 운동, 스포츠

B 다음 우리말과 같은 뜻이 되도록 주어진 단어를 이용하여 문장을 완성하세요.

1 내 휴대 전화가 작동하지 않는다. (work)

→ My cellphone ______________________________.

2 나는 일기를 쓰지 않는다. (keep a diary)

→ I ______________________________.

3 그녀는 밤에 외출하지 않는다. (go out)

→ She ______________________________ at night.

4 닉과 제인은 오늘 저녁에 계획이 없다. (have a plan)

→ Nick and Jane ______________________________ this evening.

VOCA 충전하기

cellphone 휴대 전화
keep a diary 일기를 쓰다
go out 외출하다
plan 계획

GRAMMAR 충전하기

정답 P. 04

다음 우리말과 같은 뜻이 되도록 주어진 단어를 알맞게 배열하세요.

1 그는 거짓말을 하지 않는다. (tell, doesn't, lies, he)

→ ______________________________

2 너는 나를 기억하지 못한다. (me, remember, you, don't)

→ ______________________________

3 마크는 자전거를 타지 않는다. (a bike, doesn't, Mark, ride)

→ ______________________________

4 그는 그렇게 많이 말하지 않는다. (doesn't, too much, talk, he)

→ ______________________________

5 우리는 등산을 하지 않는다. (don't, go, we, mountain hiking)

→ ______________________________

6 우리 아빠는 토요일에는 일하시지 않는다. (on Saturdays, doesn't, my dad, work)

→ ______________________________

7 그녀는 바다에서 수영하지 않는다. (she, in the sea, swim, doesn't)

→ ______________________________

8 한나는 피아노를 연주하지 않는다. (the piano, Hannah, doesn't, play)

→ ______________________________

9 나는 컴퓨터 게임을 하지 않는다. (computer games, I, play, don't)

→ ______________________________

10 그들은 공포 영화를 보지 않는다. (watch, horror movies, don't, they)

→ ______________________________

VOCA 충전하기

lie 거짓말
remember 기억하다
go mountain hiking 등산을 가다
swim 헤엄치다
horror movie 공포 영화

GRAMMAR 충전하기

정답 P. 04

다음 우리말은 영어로, 영어는 우리말로 바꾸세요.

EngGOGO

1 그녀는 커피를 마시지 않는다. (drink, coffee) KOR 번역하기 → ENG

2 너는 곤충을 좋아하지 않는다. (like, insects) KOR 번역하기 → ENG

3 그들은 휴식을 취하지 않는다. (take a rest) KOR 번역하기 → ENG

4 그것은 사막에서 자라지 않는다. (grow, in the desert) KOR 번역하기 → ENG

5 He doesn't live alone. ENG 번역하기 → KOR

6 I don't get up early. ENG 번역하기 → KOR

7 We don't want your advice. ENG 번역하기 → KOR

GRAMMAR 충전하기

정답 P. 05

[1-3] 다음 빈칸에 들어갈 말로 알맞은 것을 고르세요.

1

__________ doesn't drive.

① I ② She ③ You ④ They ⑤ We

2

They __________ like pizza.

① am not ② is not ③ are not
④ do not ⑤ does not

3

He __________ spend money on clothes.

① am not ② is not ③ are not
④ do not ⑤ does not

4 다음 우리말을 영어로 바르게 옮긴 것을 고르세요.

그들은 여기에 살지 않는다.

① They live not here.
② They don't live here.
③ They are not live here.
④ They do live not here.
⑤ They does not live here.

5 다음 빈칸에 들어갈 부정형이 나머지 넷과 다른 하나를 고르세요.

① He __________ try his best.
② It __________ move at all.
③ You __________ look tired.
④ She __________ do her homework.
⑤ My sister __________ eat breakfast.

HINT 긴급충전
주어가 3인칭 단수이면 doesn't를, 그 외의 것이면 don't를 써요.

6 다음 주어진 문장을 부정문으로 바르게 고친 것을 고르세요.

Kate visits us often.

① Kate do not visit us often.
② Kate do not visits us often.
③ Kate don't visit us often.
④ Kate does not visit us often.
⑤ Kate does not visits us often.

HINT 긴급충전

일반동사의 부정문을 만들 때 주어가 3인칭 단수가 나오면 does를 써야 함을 잊지 마세요.

[7-8] 다음 주어진 우리말을 영어로 옮길 때 빈칸에 알맞은 말을 쓰세요.

7

나는 답을 모른다. (know)

→ ______________________________ the answer.

8

그녀는 발레 연습을 하지 않는다. (practice)

→ ______________________________ ballet.

9 다음 문장에서 어색한 부분을 찾아 바르게 고쳐 다시 쓰세요.

그는 우리와 함께 머물지 않는다.
→ He does not stays with us.

→ ______________________________

10 다음 문장을 괄호 안에 주어진 지시대로 바꿔 문장을 다시 쓰세요.

You don't listen to me. (You → He)

→ ______________________________

GRAMMAR 카드 충전소

정답 P. 05

앞에서 배운 내용을 다음 일반동사 현재형의 부정문 카드에 정리해 보세요.

부정문 만들기

· do / does not + 동사원형 ~하지 않다

I watch horror movies. 나는 공포 영화를 본다.

→ I ______ ______ ______ horror movies. 나는 공포 영화를 보지 않는다.

She takes the bus. 그녀는 버스를 탄다.

→ She ______ ______ ______ the bus. 그녀는 버스를 타지 않는다.

부정문의 형태 (1)

· 1인칭, 2인칭, 복수주어 + do not[don't] + 동사원형

I ________________ pizza. (like)

You ________________ coffee. (drink)

They ________________ glasses. (wear)

Humans ________________ tails. (have)

부정문의 형태 (2)

· 3인칭 단수주어 + does not[doesn't] + 동사원형

He ________________ pizza. (like)

She ________________ coffee. (drink)

Jack ________________ glasses. (wear)

A gorilla ________________ a tail. (have)

일반동사 현재형의 Yes/No 의문문

일반동사의 Yes/No 의문문			짧은 응답
조동사	주어	동사원형	
Do	I/we/you/they/ 복수명사	동사원형 ~?	Yes, 주어+do. No, 주어+don't.
Does	he/she/it/ 단수명사		Yes, 주어+does. No, 주어+doesn't.

1 일반동사 현재형의 의문문은 '~하니?'라는 의미로 문장 앞에 Do나 Does를 쓰고, 주어 뒤에 동사원형을 써서 만든다.

일반동사 의문문은 부정문 처럼 조동사 do와 does를 사용해요.

Do you like ice cream? 너는 아이스크림을 좋아하니?
Does he play the violin? 그는 바이올린을 연주하니?

2 주어가 I, we, you, they, 복수명사일 경우 「Do+주어+동사원형 ~?」의 형태이고, 주어가 he, she, it, 단수명사일 경우 「Does+주어+동사원형 ~?」의 형태이다.

You know her. 너는 그녀를 안다.
→ Do you know her? 너는 그녀를 아니?

They take the class. 그들은 그 수업을 듣는다.
→ Do they take the class? 그들은 그 수업을 듣니?

It snows in winter. 겨울에 눈이 내린다.
→ Does it snow in winter? 겨울에 눈이 내리니?

3 긍정의 대답은 「Yes, 주어+do/does.」로, 부정의 대답은 「No, 주어+don't/doesn't.」로 한다.

의문문에 답할 때, 보통 주어를 대명사로 바꿔요. 예를 들어 남자일 때는 he, 여자일 때는 she, 사물일 때는 it을 써요.

Do you have a brother? 너는 남자 형제가 있니?
Yes, I do. 응, 그래 / No, I don't. 아니, 그렇지 않아.

Does Katie need a pencil? 케이티는 연필이 필요하니?
Yes, she does. 응, 그래 / No, she doesn't. 아니, 그렇지 않아.

GRAMMAR 충전하기

정답 P. 06

A 다음 밑줄 친 부분에 유의하여 괄호 안에 알맞은 것을 고르세요.

1 (Do / Does) I know you?

2 (Do / Does) it move fast?

3 (Do / Does) Kelly drink tea?

4 (Do / Does) you like vegetables?

5 (Do / Does) they enjoy spicy food?

6 (Do / Does) he go to the gym every day?

VOCA 충전하기

move 움직이다
fast 빨리, 빠른
vegetable 채소
spicy 매콤한
gym 체육관, 헬스클럽

B 다음 빈칸에 Do 또는 Does를 쓰세요.

1 ______________ you love her?

2 ______________ Jason laugh out loud?

3 ______________ we need a new computer?

4 ______________ Carl read many books?

5 ______________ they have lunch at school?

6 ______________ your sister have any hobbies?

laugh 웃다
out loud 크게, 시끄럽게
hobby 취미

GRAMMAR 충전하기

정답 P. 06

A 다음 밑줄 친 부분에 유의하여 의문문을 완성하세요.

1 He stays here. 그는 여기에 머문다.
→ ________ he ________ here? 그는 여기에 머무니?

2 You swim well. 너는 수영을 잘 한다.
→ ________ you ________ well? 너는 수영을 잘 하니?

3 We need more time. 우리는 시간이 더 필요하다.
→ ________ we ________ more time? 우리는 시간이 더 필요하니?

4 She exercises every day. 그녀는 매일 운동한다.
→ ________ she ________ every day? 그녀는 매일 운동하니?

5 They wear school uniforms. 그들은 교복을 입는다.
→ ________ they ________ school uniforms? 그들은 교복을 입니?

VOCA 충전하기
more 더 많은
uniform 제복, 교복

B 다음 주어진 단어를 이용하여 의문문을 완성하세요.

1 ________ I ________ OK? (look)

2 ________ she ________ well? (sing)

3 ________ this bus ________ to Seoul? (go)

4 ________ they ________ Japanese? (speak)

5 ________ you ________ rope every morning? (jump)

6 ________ your dad ________ at a post office? (work)

VOCA 충전하기
OK 괜찮은
Japanese 일본어
jump rope 줄넘기하다
post office 우체국

GRAMMAR 충전하기

정답 P. 06

A 다음 주어진 단어를 이용하여 대화를 완성하세요.

VOCA 충전하기
classical 클래식의
Chinese 중국의
Boston 보스턴

1 A: ________ you ________ me? (remember)
B: Yes, I do.

2 A: ________ she ________ to classical music? (listen)
B: No, she doesn't.

3 A: ________ Jim ________ Chinese food? (eat)
B: Yes, he ________.

4 A: ________ we ________ a math test today? (have)
B: No, we ________.

5 A: ________ your aunt ________ in Boston? (live)
B: Yes, ________ ________.

B 다음 문장을 의문문으로 바꿔 쓰세요.

VOCA 충전하기
trust 신뢰하다
respect 존경하다
drum 드럼
museum 박물관

1 You trust her.
→ ________________________________

2 They respect him.
→ ________________________________

3 He learns the drums.
→ ________________________________

4 The museum opens at ten.
→ ________________________________

GRAMMAR 충전하기

정답 P. 06

다음 우리말과 같은 뜻이 되도록 주어진 단어를 알맞게 배열하세요.

1 그녀가 신이 나 보이니? (she, look, excited, does)

→ ______________________

2 그는 과학을 가르치시니? (he, teach, does, science)

→ ______________________

3 그들은 다리를 건설하니? (do, bridges, they, build)

→ ______________________

4 그 영화는 4시 30분에 시작하니? (begin, the movie, at 4:30, does)

→ ______________________

5 너는 초콜릿을 좋아하니? (you, chocolate, like, do)

→ ______________________

6 그 가게는 중고책을 파니? (the store, used books, sell, does)

→ ______________________

7 우리는 충분한 돈이 있니? (enough money, have, do, we)

→ ______________________

8 그 농부들은 쌀을 재배하니? (the farmers, rice, do, grow)

→ ______________________

9 너의 삼촌이 아침을 요리하시니? (does, cook, breakfast, your uncle)

→ ______________________

10 에릭과 이안은 시험공부를 하니? (do, study, for exams, Eric and Ian)

→ ______________________

VOCA 충전하기

excited 신이 난, 들뜬
build 건설하다
bridge 다리
chocolate 초콜릿
used 중고의
enough 충분한
farmer 농부
rice 쌀
uncle 삼촌

GRAMMAR 충전하기

정답 P. 07

다음 우리말은 영어로, 영어는 우리말로 바꾸세요.

EngGOGO
1
너는 7시에 일어나니?
(get up, at seven)
KOR 번역하기
ENG
2
그녀는 춤을 잘 추니?
(dance, well)
KOR 번역하기
ENG
3
그 소년은 걸어서 학교에 가니?
(the boy, walk to school)
KOR 번역하기
ENG
4
그들은 소셜 미디어를 사용하니?
(use, social media)
KOR 번역하기
ENG
5
Do you have time?
ENG 번역하기
KOR
6
Does she want a cup of coffee?
ENG 번역하기
KOR
7
Does he practice soccer?
ENG 번역하기
KOR

GRAMMAR 충전하기

정답 P. 07

1 다음 빈칸에 들어갈 말로 알맞은 것을 고르세요.

_____________ you have a pet?

① Am ② Is ③ Are ④ Do ⑤ Does

2 다음 빈칸에 들어갈 말로 알맞지 않은 것을 고르세요.

Does _____________ like books?

① he ② she ③ they
④ Kelly ⑤ your brother

HINT 긴급충전
Does로 시작하는 일반동사 의문문의 주어가 3인칭 단수인지 확인해 보세요.

[3-4] 다음 대화의 빈칸에 들어갈 말이 바르게 짝지어진 것을 고르세요.

3

A: _____________ they play baseball?
B: No, they _____________.

① Do – do ② Do – don't ③ Do – doesn't
④ Does – do ⑤ Does – doesn't

4

A: Does she _____________ a red coat?
B: No, she _____________. She _____________ a black coat.

① wears – don't - wears ② wears – don't – wear
③ wears – doesn't – wear ④ wear – doesn't – wears
⑤ wear – doesn't – wear

5 다음 빈칸에 들어갈 do동사의 현재형이 나머지 넷과 다른 하나를 고르세요.

① ________ it eat meat?
② ________ she talk a lot?
③ ________ he study hard?
④ ________ your mom cook well?
⑤ ________ we have enough time?

100%

6 다음 대화 중 자연스럽지 않은 것을 고르세요.

① A: Do you want some cookies? B: Yes, I do.
② A: Does the bus arrive at three? B: No, it doesn't.
③ A: Do children believe in Santa Claus? B: Yes, they do.
④ A: Does Sam ride a bike? B: No, he isn't.
⑤ A: Do I look pretty? B: Yes, you do.

[7-8] 다음 주어진 우리말을 영어로 옮길 때 빈칸에 알맞은 말을 쓰세요.

7

우리는 더 많은 물이 필요하니? (need)

→ ______________ more water?

8

그녀는 자신의 가족을 그리워하니? (miss)

→ ______________ her family?

9 다음 문장에서 어색한 부분을 찾아 바르게 고쳐 다시 쓰세요.

그 학생들은 버스를 타고 학교에 가니?
→ Are the students take a bus to school?

→ ______________

HINT 긴급충전
일반동사(take) 의문문은 무엇으로 시작하는지 생각해 보세요.

10 다음 문장을 괄호 안에 주어진 지시대로 바꿔 다시 쓰세요.

It snows a lot in winter. (의문문으로)

→ ______________

GRAMMAR 카드 충전소

정답 P. 07

앞에서 배운 내용을 다음 일반동사 현재형의 의문문 카드에 정리해 보세요.

의문문

Do / Does + 주어 + 동사원형 ~? ~하니

They watch the movie. 그들은 그 영화를 본다.

→ ______ ______ ______ the movie? 그들은 그 영화를 보니?

She takes the bus. 그녀는 버스를 탄다.

→ ______ ______ ______ the bus? 그녀는 버스를 타니?

의문문 형태 (1)

Do + 1인칭, 2인칭, 복수 주어 + 동사원형 ~?

- 긍정의 대답: Yes, I / you / we / they + do.
- 부정의 대답: No, I / you / we / they don't.

• Do you like pizza?
  Yes, I do. / No, ______ ______.

• Do they drink coffee?
  Yes, ______ ______. / No, they don't.

의문문 형태 (2)

Does + 3인칭 단수 주어 + 동사원형 ~?

- 긍정의 대답: Yes, he / she / it + does.
- 부정의 대답: No, he / she / it + doesn't.

• Does he like pizza?
  Yes, he does. / No, ______ ______.

• Does Jane drink coffee?
  Yes, ______ ______. / No, she doesn't.

일반동사의 과거형

현재	과거
I visit him often. 나는 그를 자주 방문한다.	I visited him yesterday. 나는 어제 그를 방문했다.
He plays basketball every weekend. 그는 주말마다 농구를 한다.	He played basketball last weekend. 그는 지난 주말에 농구를 했다.

1 과거형은 과거에 이미 끝난 동작이나 상태, 역사적인 사실을 나타내며, 주어의 인칭이나 수에 관계없이 형태가 같다.

She watched a movie yesterday. (과거의 동작) 그녀는 어제 영화를 보았다.
You looked upset at that time. (과거의 상태) 너는 그때 기분이 안 좋아 보였다.
Da Vinci painted the *Mona Lisa*. (역사적인 사실) 다빈치가 〈모나리자〉를 그렸다.

과거형은 주로 yesterday, before, last ~, ~ ago, then, at that time 등과 같이 과거를 나타내는 말과 함께 써요.

2 일반동사 과거의 규칙 변화

대부분의 동사	+ -ed	called, cleaned, talked, wanted, watched
-e로 끝나는 동사	+ -d	arrived, liked, loved, lived, moved, changed
「자음+y」로 끝나는 동사	y → ied	cried, studied, tried, worried, carried, married
「모음+y」로 끝나는 동사	+ -ed	enjoyed, stayed, played
단모음+단자음	자음을 하나 더 쓰고 + -ed	stopped, dropped, mopped, planned

He called me yesterday. 그가 어제 나에게 전화했다.
They loved each other. 그들은 서로 사랑했다.
A cat cried a lot last night. 고양이 한 마리가 어젯밤에 많이 울었다.
We played soccer this afternoon. 우리는 오늘 오후에 축구를 했다.
She dropped a dish. 그녀가 접시를 떨어뜨렸다.

3 일반동사 과거의 불규칙 변화

현재형과 과거형이 같은 동사	cut – cut let – let	hit – hit read [ri:d] – read [red]	put – put	hurt – hurt
불규칙 변화 동사	begin – began blow – blew break – broke buy – bought catch – caught choose – chose come – came do – did draw – drew drink – drank drive – drove eat – ate	feel – felt find – found fly – flew forget – forgot get – got give – gave go – went grow – grew have – had hear – heard hide – hid keep – kept	know – knew leave – left lose – lost make – made meet – met pay – paid ride – rode run – ran say – said see – saw sell – sold send – sent	sing – sang sleep – slept speak – spoke stand – stood take – took teach – taught tell – told think – thought throw – threw wear – wore win – won write – wrote

He put sugar into his coffee. 그는 커피에 설탕을 넣었다.
I read her letters. 나는 그녀의 편지를 읽었다.

The concert began an hour ago. 콘서트는 한 시간 전에 시작했다.
Alice said hello to me. 앨리스가 나에게 인사했다.

Check-up 1

정답 P. 08

★ **다음 우리말과 같은 뜻의 말을 [보기]에서 찾아 쓰세요.**

보기 at that time / last night / this morning / two days ago / yesterday

1 어제 ____________

2 이틀 전에 ____________

3 그때 ____________

4 어젯밤에 ____________

5 오늘 아침에 ____________

정답 P. 08

★ **다음 동사의 과거형을 쓰세요.**

1 cry 울다 → ________
2 like 좋아하다 → ________
3 look 보다 → ________
4 play 놀다 → ________
5 drop 떨어뜨리다 → ________
6 live 살다 → ________
7 try 노력하다 → ________
8 arrive 도착하다 → ________
9 show 보여주다 → ________
10 hurry 서두르다 → ________
11 watch 보다 → ________
12 change 바꾸다 → ________
13 rub 문지르다 → ________
14 kick (발로) 차다 → ________
15 reach 도달하다 → ________
16 enjoy 즐기다 → ________
17 dance 춤추다 → ________
18 miss 그리워하다 → ________

Check-up 3

★ **다음 동사의 과거형을 쓰세요.**

1 go 가다 → ________
2 say 말하다 → ________
3 tell 말하다 → ________
4 drive 운전하다 → ________
5 know 알다 → ________
6 have 가지다 → ________
7 drink 마시다 → ________
8 sleep 자다 → ________
9 teach 가르치다 → ________
10 fly 날다 → ________
11 put 놓다 → ________
12 sell 팔다 → ________
13 forget 잊다 → ________
14 choose 고르다 → ________
15 think 생각하다 → ________
16 read 읽다 → ________
17 sing 노래하다 → ________
18 blow 불다 → ________

10%

정답 P. 08

다음 괄호 안에서 알맞은 것을 고르세요.

ask 묻다
granddad 할아버지
suddenly 갑자기
finger 손가락
carol 크리스마스 캐럴

1 I (learn / learned) tennis last year.
나는 작년에 테니스를 배웠다.

2 Bill (asks / asked) many questions yesterday.
빌은 어제 많은 질문을 했다.

3 The man (open / opened) the door for me this morning.
그 남자는 오늘 아침 나를 위해 문을 열어줬다.

4 My granddad (dies / died) two years ago.
우리 할아버지는 2년 전에 돌아가셨다.

5 The girls (do / did) their homework last night.
그 소녀들은 어젯밤에 숙제를 했다.

6 She (tries / tried) it last Sunday.
그녀는 그것을 지난 일요일에 해 보았다.

7 Eric (stays / stayed) with us last week.
에릭은 지난주에 우리와 함께 지냈다.

8 The bus (stoped / stopped) suddenly. 그 버스는 갑자기 멈췄다.

9 Emily (cut / cuted) her finger. 에밀리는 손을 베었다.

10 The boy (ran / run) to his mother. 그 소년은 엄마에게 달려갔다.

11 The children (sings / sang) carols. 그 아이들은 캐럴을 불렀다.

12 Jeff (come / came) to my house today. 제프가 오늘 우리 집에 왔다.

정답 P. 08

다음 우리말과 같은 뜻이 되도록 주어진 단어를 이용하여 문장을 완성하세요.

VOCA 충전하기

- **hurt** 다치다
- **arm** 팔
- **little** 거의 없는
- **until** ~까지
- **midnight** 자정
- **piece** 조각

1 She ______________ her arm. (hurt)
그녀는 팔을 다쳤다.

2 Julie ______________ about her family. (talk)
줄리는 자신의 가족에 대해 이야기했다.

3 I ______________ little about it. (know)
나는 그것에 대해 아는 것이 거의 없었다.

4 It ______________ hard this morning. (rain)
오늘 아침에 비가 엄청 내렸다.

5 He ______________ fifteen books. (write)
그는 15권의 책을 썼다.

6 Matt ______________ until midnight. (study)
매트는 자정까지 공부했다.

7 They ______________ the party. (enjoy)
그들은 그 파티를 즐겼다.

8 Jill ______________ a piece of cake. (want)
질은 케이크 한 조각을 원했다.

9 Jones ______________ to New York. (drive)
존스는 뉴욕까지 운전해서 갔다.

10 We ______________ a baseball game on TV. (watch)
우리는 TV로 야구 경기를 보았다.

GRAMMAR 충전하기

정답 P. 08

A **다음 밑줄 친 단어를 과거형으로 바꿔 문장을 다시 쓰세요.**

1 We dance to the music.

→ ______________________________

2 They get home very late

→ ______________________________

3 My mom hugs me tightly.

→ ______________________________

4 I worry a lot about you.

→ ______________________________

5 She goes to France for holidays.

→ ______________________________

VOCA 충전하기

hug 껴안다
tightly 꽉, 꼭
a lot 많이
holiday 휴가, 휴일

B **다음 우리말과 같은 뜻이 되도록 주어진 단어를 이용하여 문장을 완성하세요.**

1 우리는 해변에 앉았다. (sit)

→ ______________________ on the beach.

2 그는 자신의 책을 탁자 위에 놓았다. (put)

→ ______________________ his book on the table.

3 앤이 지난 주말에 점심을 요리했다. (Ann, cook)

→ ______________________ lunch last weekend.

4 그들은 2년 전에 런던으로 이사했다. (move)

→ ______________________ to London two years ago.

GRAMMAR 충전하기

정답 P. 08

다음 우리말과 같은 뜻이 되도록 주어진 단어를 알맞게 배열하세요.

1 그가 거울을 깼다. (broke, he, the mirror)

→ ______________________________

2 그들은 서로 좋아했다. (liked, they, each other)

→ ______________________________

3 나는 내 친구들을 초대했다. (my friends, invited, I)

→ ______________________________

4 경찰이 도둑을 잡았다. (the thief, the police, caught)

→ ______________________________

5 그녀는 자신의 머리를 말렸다. (dried, her hair, she)

→ ______________________________

6 우리는 즐거운 시간을 보냈다. (a good time, had, we)

→ ______________________________

7 카렌은 작년에 로마를 방문했다. (Rome, last year, visited, Karen)

→ ______________________________

8 아이들은 풍선을 가지고 놀았다. (played, with balloons, the kids)

→ ______________________________

9 그 여성은 다이아몬드 반지를 골랐다. (chose, the woman, a diamond ring)

→ ______________________________

10 우리는 데이비드의 생일 파티를 계획했다. (planned, we, for David, a birthday party)

→ ______________________________

VOCA 충전하기

mirror 거울
each other 서로
thief 도둑
dry 말리다, 마르다
balloon 풍선
choose 고르다, 선택하다
diamond 다이아몬드
plan 계획하다

GRAMMAR 충전하기

정답 P. 08

다음 우리말은 영어로, 영어는 우리말로 바꾸세요.

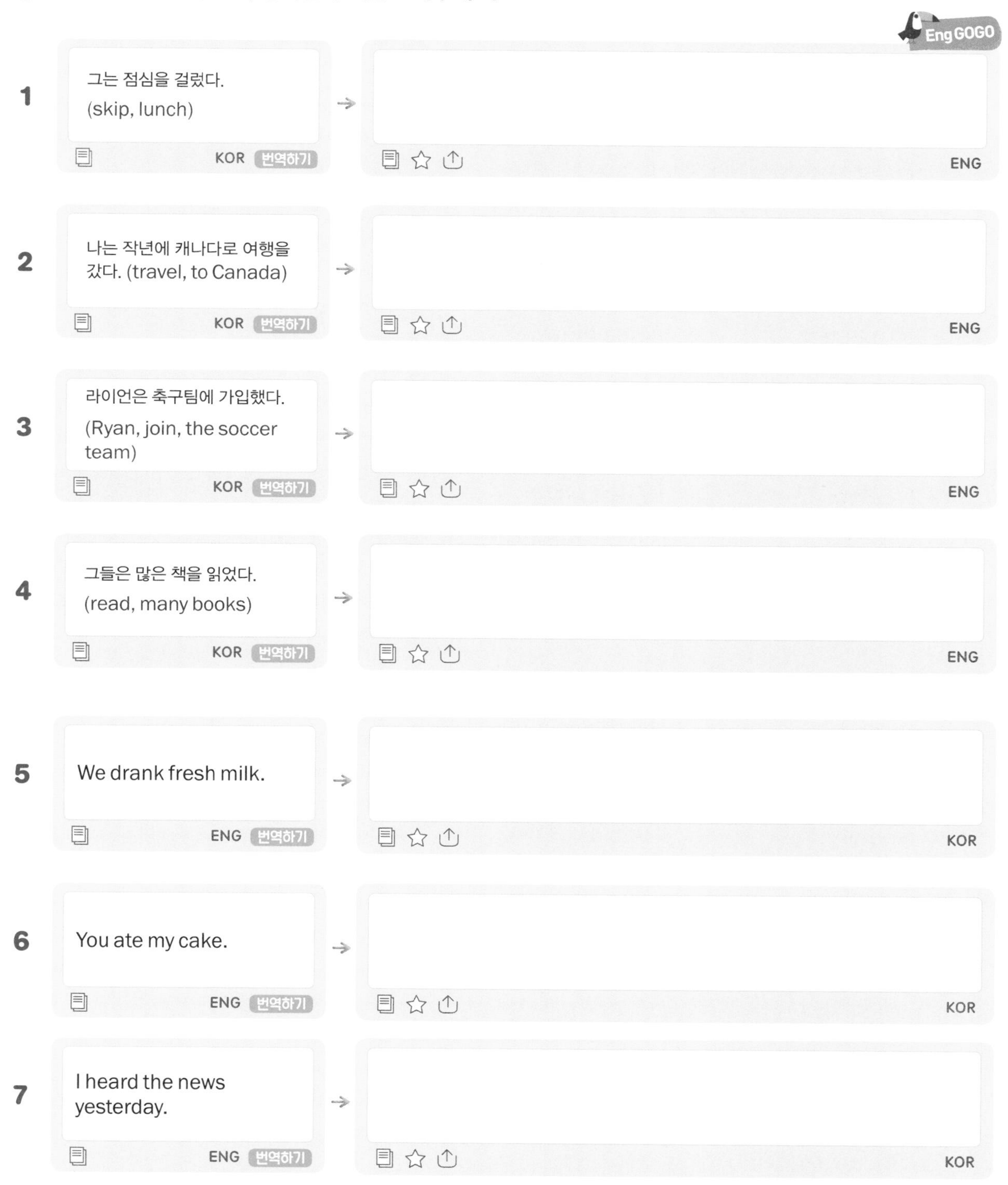

Eng GOGO
1
그는 점심을 걸렀다.
(skip, lunch)
KOR 번역하기
ENG
2
나는 작년에 캐나다로 여행을
갔다. (travel, to Canada)
KOR 번역하기
ENG
3
라이언은 축구팀에 가입했다.
(Ryan, join, the soccer
team)
KOR 번역하기
ENG
4
그들은 많은 책을 읽었다.
(read, many books)
KOR 번역하기
ENG
5
We drank fresh milk.
ENG 번역하기
KOR
6
You ate my cake.
ENG 번역하기
KOR
7
I heard the news
yesterday.
ENG 번역하기
KOR

GRAMMAR 충전하기

100%

정답 P. 09

1 다음 중 동사의 과거형이 잘못 연결된 것을 고르세요.

① cut – cut ② like – liked ③ try – tried
④ take – took ⑤ write - writed

2 다음 빈칸에 들어갈 말로 알맞은 것을 고르세요.

I ______________ Ted and Mark a few days ago.

① meet ② meets ③ met
④ meeted ⑤ was meet

[3-4] 다음 빈칸에 들어갈 말이 순서대로 바르게 짝지어진 것을 고르세요.

3

• We ____________ TV last night.
• She ____________ home early the day before yesterday.

① watch – come ② watch – comes ③ watches – comes
④ watched – come ⑤ watched – came

HINT 긴급충전

the day before yesterday는 '어제 전날'을 의미하니까 '그저께'를 말하는 것이에요.

4

• We ____________ the movie earlier today.
• He ____________ the dishes on Monday evening.

① enjoy – do ② enjoy – does ③ enjoys – did
④ enjoyed – do ⑤ enjoyed – did

5 다음 빈칸에 들어갈 말로 알맞지 않은 것을 고르세요.

He went to the museum ______________.

① tomorrow ② yesterday ③ last weekend
④ last Friday ⑤ three days ago

6 다음 주어진 문장을 과거시제로 바르게 바꾼 것을 고르세요.

Jane goes to S Mart.

① Jane go to S Mart.
② Jane goed to S Mart.
③ Jane went to S Mart.
④ Jane wents to S Mart.
⑤ Jane gone to S Mart.

[7-8] 다음 주어진 우리말을 영어로 옮길 때 빈칸에 알맞은 말을 쓰세요.

7

우리는 지난 주말에 쿠키를 구웠다. (bake, cookies)

→ ______________________ last weekend.

8

그는 예전에 영어를 가르쳤다. (teach, English)

→ ______________________ a long time ago.

teach(가르치다)의 과거형은 불규칙하게 변해서 단순히 -ed를 붙이지 않는다는 것을 기억하세요!

9 다음 문장에서 어법상 어색한 부분을 찾아 바르게 고쳐 다시 쓰세요.

나는 오늘 아침 일찍 일어났다.
→ I get up early this morning.

→ ______________________________________

10 다음 밑줄 친 부분을 주어진 문맥에 맞게 바꿔 쓰세요.

My dad reads the newspaper every day.

→ ______________________________ yesterday.

일반동사 과거형의 부정문

주어	형태
모든 주어	+ did not [didn't] + 동사원형

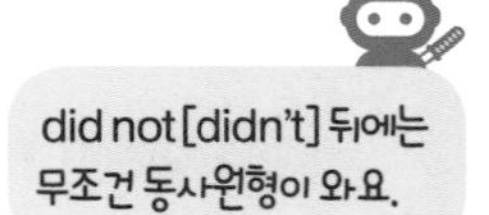

did not [didn't] 뒤에는
무조건 동사원형이 와요.

1 과거시제의 부정문은 '~하지 않았다'라는 의미로, 주어에 관계없이 동사 앞에 did not을 쓴다.

I did my homework yesterday. 나는 어제 숙제를 했다.
→ I did not do my homework yesterday. 나는 어제 숙제를 하지 않았다.

He came to school today. 그는 오늘 학교에 왔다.
→ He did not come to school today. 그는 오늘 학교에 오지 않았다.

2 did not은 didn't로 줄여 쓸 수 있다.

They did not [didn't] tell the truth. 그들은 진실을 말하지 않았다.
I did not [didn't] visit him last Sunday. 나는 지난 일요일에 그를 방문하지 않았다.
She did not [didn't] say hello to me. 그녀는 나에게 인사하지 않았다.
We did not [didn't] go to the park yesterday. 우리는 어제 공원에 가지 않았다.

GRAMMAR 충전하기

정답 P. 09

다음 밑줄 친 부분을 부정형으로 바꿔 쓰세요. (단, 축약형으로 쓰지 말 것)

1 They lived near here. → ______ ______ ______

2 I found the answer. → ______ ______ ______

3 He had a car last year. → ______ ______ ______

4 I broke your cellphone. → ______ ______ ______

5 They took the subway. → ______ ______ ______

6 Barry learned the guitar. → ______ ______ ______

7 Kate believed my story. → ______ ______ ______

8 The team won the game. → ______ ______ ______

9 He brought his textbooks. → ______ ______ ______

10 The computer worked. → ______ ______ ______

11 We watched the soccer game. → ______ ______ ______

12 The wind blew hard. → ______ ______ ______

VOCA 충전하기

near 근처, 근처에
find 찾다, 알아내다
answer 답
believe 믿다
textbook 교과서
blow 불다

GRAMMAR 충전하기

정답 P. 09

A 다음 괄호 안에서 알맞은 것을 고르세요.

VOCA 충전하기
novel 소설
bathroom 욕실
concert 공연
lose 잃다
wallet 지갑

1 Tim didn't (read / reads) this novel.
팀은 이 소설을 읽지 않았다.

2 She did not (clean / cleaned) the bathroom.
그녀는 욕실을 청소하지 않았다.

3 Amy (was not know / did not know) the plan.
에이미는 그 계획을 알지 못했다.

4 We (does not enjoy / did not enjoy) the concert last night.
우리는 어젯밤에 콘서트를 즐기지 못했다.

5 He (doesn't studied / didn't study) hard last year.
그는 작년에 공부를 열심히 하지 않았다.

6 I (was not lost / didn't lose) my wallet.
나는 내 지갑을 잃어버리지 않았다.

B 다음 주어진 단어를 이용하여 과거시제 부정문을 완성하세요. (단, 축약형으로 쓸 것)

1 Greg ___________ ___________ his best. (try)

2 You ___________ ___________ a mistake. (make)

3 I ___________ ___________ your birthday. (forget)

4 The circus ___________ ___________ on time. (start)

5 They ___________ ___________ him to the party. (invite)

6 She ___________ ___________ Russian. (understand)

VOCA 충전하기
- **try one's best** 최선을 다하다
- **make a mistake** 실수하다
- **forget** 잊다
- **on time** 제시간에
- **understand** 이해하다
- **Russian** 러시아어

정답 P. 10

A 다음 우리말과 같은 뜻이 되도록 [보기]에 주어진 단어를 이용하여 문장을 완성하세요.

보기 water call send eat sleep

1 나는 오늘 아침을 먹지 않았다.

→ ____________________ breakfast today.

2 그녀는 화초에 물을 주지 않았다.

→ ____________________ the plants.

3 우리는 어젯밤에 잠을 잘 못 잤다.

→ ____________________ well last night.

4 너는 어제저녁에 나에게 전화하지 않았다.

→ ____________________ me yesterday evening.

5 그는 나에게 이메일을 보내지 않았다.

→ ____________________ an e-mail to me.

VOCA 충전하기

water 물을 주다
send 보내다
plant 식물
e-mail 이메일

B 다음 밑줄 친 부분에 유의하여 부정문으로 바꿔 쓰세요.

1 He liked my gift.

→ ____________________

2 We waited until noon.

→ ____________________

3 Ben had many friends.

→ ____________________

4 She finished her report yesterday.

→ ____________________

VOCA 충전하기

gift 선물
noon 정오
report 리포트, 보고서

GRAMMAR 충전하기

정답 P. 10

다음 우리말과 같은 뜻이 되도록 주어진 단어를 알맞게 배열하세요.

1 그들은 우리를 도와주지 않았다. (help, they, us, didn't)

→ ______________________

2 나는 시간이 많지 않았다. (much time, didn't, I, have)

→ ______________________

3 그는 나를 기억하지 못했다. (me, remember, he, didn't)

→ ______________________

4 우리는 고릴라를 보지 않았다. (we, gorillas, didn't, see)

→ ______________________

5 캐리는 회전목마를 타지 않았다. (didn't, the merry-go-round, Carrie, ride)

→ ______________________

6 너는 이를 닦지 않았다. (brush, you, didn't, your teeth)

→ ______________________

7 그녀는 학교에 걸어가지 않았다. (to school, didn't, she, walk)

→ ______________________

8 알렉스는 시험에 통과하지 않았다. (the test, Alex, didn't, pass)

→ ______________________

9 너는 우산을 가지고 가지 않았다. (didn't, take, you, your umbrella)

→ ______________________

10 나는 지난 금요일에 프레드를 만나지 않았다. (Fred, I, meet, last Friday, didn't)

→ ______________________

VOCA 충전하기

remember 기억하다
gorilla 고릴라
merry-go-round 회전목마
pass 통과하다
brush one's teeth 양치하다

GRAMMAR 충전하기

정답 P. 10

다음 우리말은 영어로, 영어는 우리말로 바꾸세요.

Eng GOGO

1 그들은 아무도 믿지 않았다. (trust, anyone) → ______ KOR 번역하기 / ENG

2 마크는 내게 동의하지 않았다. (Mark, agree with) → ______ KOR 번역하기 / ENG

3 그는 오늘 세수를 하지 않았다. (wash, face) → ______ KOR 번역하기 / ENG

4 그 가게는 어제 문을 열지 않았다. (the shop, open) → ______ KOR 번역하기 / ENG

5 He didn't talk too much. → ______ ENG 번역하기 / KOR

6 She didn't get up early today. → ______ ENG 번역하기 / KOR

7 I didn't buy the shoes. → ______ ENG 번역하기 / KOR

GRAMMAR 충전하기

100%

정답 P. 10

1 다음 빈칸에 들어갈 말로 가장 알맞은 것을 고르세요.

I ____________ meet her yesterday.

① am not ② was not ③ do not
④ does not ⑤ did not

2 다음 빈칸에 들어갈 말로 알맞지 않은 것을 고르세요.

She didn't ____________ the cookies.

① bake ② enjoy ③ like ④ made ⑤ eat

3 다음 우리말을 영어로 바르게 옮긴 것을 고르세요.

어젯밤에 눈이 오지 않았다.

① It not snowed last night. ② It snowed not last night.
③ It did not snow last night. ④ It not did snow last night.
⑤ It does not snow last night.

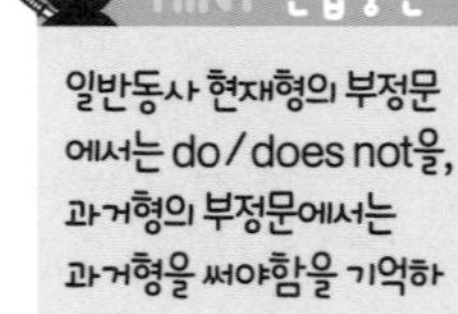

HINT 긴급충전
일반동사 현재형의 부정문에서는 do / does not을, 과거형의 부정문에서는 과거형을 써야함을 기억하세요.

4 다음 문장을 부정문으로 만들 때, 빈칸에 들어갈 말이 나머지 넷과 다른 하나를 고르세요.

① He ____________ live here now.
② She ____________ know anything then.
③ We ____________ play baseball last Sunday.
④ I ____________ use your computer an hour ago.
⑤ They ____________ come home early yesterday.

5 다음 중 어법상 어색한 것을 고르세요.

① He did not say anything.
② Peter didn't need my help.
③ You did not listen to me.
④ They didn't painted the wall.
⑤ She didn't cry at the sad news.

6 다음 대화의 빈칸에 들어갈 말이 순서대로 바르게 짝지어진 것을 고르세요.

• I __________ to the gym this morning.
• They __________ their car last year.

① don't go – don't sell
② didn't go – don't sell
③ didn't went – didn't sell
④ didn't go – didn't sell
⑤ didn't go – didn't sold

[7-8] 다음 주어진 우리말을 영어로 옮길 때 빈칸에 알맞은 말을 쓰세요.

7

우리는 박물관을 방문하지 않았다. (visit)

→ ______________________ the museum.

8

그는 컴퓨터 게임을 하지 않았다. (play)

→ ______________________ computer games.

9 다음 문장에서 어법상 어색한 부분을 바르게 고쳐 다시 쓰세요.

너는 오늘 학교에 오지 않았다.
→ You didn't came to school today.

→ ______________________

HINT 긴급충전
조동사 do/does/did 뒤에 나오는 동사의 형태는 고민할 필요 없이 정해져 있는 것 알고 있죠?

10 다음 문장을 주어진 지시대로 바꿔 문장을 다시 쓰세요.

I bought flowers for my mom. (부정문으로)

→ ______________________

GRAMMAR 카드 충전소

정답 P. 11

앞에서 배운 내용을 다음 일반동사 과거형 카드에 정리해 보세요.

일반동사의 과거형은?

과거에 이미 끝난 동작이나 상태, 역사적인 사실을 나타내며, 주어의 인칭이나 수에 관계없이 형태가 같다.

규칙 변화와 불규칙 변화

〈과거형 만들기〉

· 규칙 변화: 명사+-(e)d

talk → ____________

like → ____________

cry → ____________

play → ____________

stop → ____________

· 불규칙 변화

cut → ____________

read → ____________

come → ____________

eat → ____________

긍정문의 형태

I ____________ soccer. (play)

He ____________ too much. (drink)

Julie ____________ glasses. (wear)

They ____________ the bus. (take)

부정문의 형태

• 주어+did not[didn't]+동사원형 ~하지 않았다

I ____________________ soccer. (play)

He ____________________ too much. (talk)

Julie ____________________ glasses. (wear)

They ____________________ the bus. (take)

일반동사 과거형의 Yes/No 의문문

일반동사 과거 시제의 Yes/No 의문문			짧은 응답
Did	모든 주어	동사원형 ~?	Yes, 주어+did. No, 주어+didn't.

1 일반동사 현재형의 의문문은 주어에 관계없이 「Did+주어+동사원형 ~?」으로 만든다.

You **made** this soup. 너는 이 수프를 만들었다.
→ Did you make this soup? 네가 이 수프를 만들었니?

She **passed** the test. 그녀는 그 시험에 통과했다.
→ Did she pass the test? 그녀는 그 시험에 통과했니?

They **visited** you last weekend. 그들이 지난 주말에 너를 방문했다.
→ Did they visit you last weekend? 그들이 지난 주말에 너를 방문했니?

일반동사 과거시제 의문문은 Did로 시작해요.

2 긍정의 대답은 「Yes, 주어+did.」로, 부정의 대답은 「No, 주어+didn't.」로 한다.

Did you guys swim in the lake? 너희들은 호수에서 수영했니?
→ Yes, we did. 응, 했어. / No, we didn't. 아니, 안 했어.

Did Alice finish her homework? 앨리스는 숙제를 다 했니?
→ Yes, she did. 응, 했어. / No, she didn't. 아니, 안 했어.

Did they practice tennis? 그들은 테니스 연습을 했니?
→ Yes, they did. 응, 했어. / No, they didn't. 아니, 안 했어.

의문문에 대답할 때, 보통 주어를 대명사로 바꿔요. 예를 들어 남자일 때는 he, 여자일 때는 she, 사물이나 동물일 때는 주로 it을 써요.

GRAMMAR 충전하기

정답 P. 11

A 다음 밑줄 친 부분에 유의하여 괄호 안에서 알맞은 것을 고르세요.

go camping 캠핑을 가다
ankle 발목

1 (Do / Does / Did) it rain last night?

2 (Do / Does / Did) he meet Karen yesterday?

3 (Do / Does / Did) he get a haircut a week ago?

4 (Do / Does / Did) you watch the news last night?

5 (Do / Does / Did) they go camping last weekend?

6 (Do / Does / Did) she hurt her ankle this morning?

B 다음 주어진 단어를 이용하여 과거시제 의문문을 완성하세요.

VOCA 충전하기

fun 재미, 즐거움
wait for ~을 기다리다
purse (여성용) 손가방
letter 편지
borrow 빌리다

1 __________ they __________ fun? (have)

2 __________ he __________ for her? (wait)

3 __________ she __________ her purse? (lose)

4 __________ you __________ this letter? (send)

5 __________ the train __________ on time? (leave)

6 __________ I __________ money from you? (borrow)

GRAMMAR 충전하기

정답 P. 12

A 다음 밑줄 친 동사에 유의하여 긍정문을 의문문으로 바꾸세요.

VOCA 충전하기
promise 약속
festival 축제, 페스티벌

1 She heard the news. 그녀는 그 소식을 들었다.
→ ________ she ________ the news? 그녀가 그 소식을 들었니?

2 Nick studied Japanese. 닉은 일본어를 공부했다.
→ ________ Nick ________ Japanese? 닉은 일본어를 공부했니?

3 He kept his promise. 그는 자신의 약속을 지켰다.
→ ________ he ________ his promise? 그가 약속을 지켰니?

4 They enjoyed the festival. 그들은 축제를 즐겼다.
→ ________ they ________ the festival? 그들이 축제를 즐겼니?

5 The boys played with a ball. 그 소년들은 공을 가지고 놀았다.
→ ________ the boys ________ with a ball? 그 소년들은 공을 가지고 놀았니?

B 다음 밑줄 친 단어에 유의하여 질문에 대한 대답을 완성하세요. (단, 부정 대답은 축약형으로 쓸 것)

VOCA 충전하기
sofa 소파
show 쇼
end 끝나다, 끝내다

1 A: Did I make a mistake? B: No, ________ ________.

2 A: Did they buy a new sofa? B: Yes, ________ ________.

3 A: Did Tony join a book club? B: No, ________ ________.

4 A: Did Jane come to school? B: Yes, ________ ________.

5 A: Did you sleep well last night? B: No, ________ ________.

6 A: Did the show end at nine? B: Yes, ________ ________.

정답 P. 12

A 다음 우리말과 같은 뜻이 되도록 [보기]에 주어진 단어를 이용하여 문장을 완성하세요.

보기 push welcome spend feed forget

1 앨리(Ally)가 그 버튼을 눌렀니?

→ ______ ______ ______ the button?

2 우리는 우리의 돈을 모두 다 썼니?

→ ______ ______ ______ all our money?

3 그가 물고기에게 먹이를 주었니?

→ ______ ______ ______ the fish?

4 그녀가 그 손님들을 환영했니?

→ ______ ______ ______ the guests?

5 너는 너의 암호를 잊어버렸니?

→ ______ ______ ______ your password?

VOCA 충전하기

push 누르다, 밀다
button 버튼, 단추
all 모든
welcome 환영하다
guest 손님
password 암호

B 다음 주어진 문장을 의문문으로 바꿔 쓰세요.

1 You pulled my hair.

→ ______________________________

2 Justin broke the rule.

→ ______________________________

3 They talked about sports.

→ ______________________________

4 He had a birthday party.

→ ______________________________

VOCA 충전하기

pull 당기다
break 깨다, 고장 내다, (규칙 등을) 어기다
rule 규칙

정답 P. 12

다음 우리말과 같은 뜻이 되도록 주어진 단어를 알맞게 배열하세요.

1 그녀는 그 책을 샀니? (she, the book, did, buy)

→ ______________________

2 너는 방과 후에 제이슨과 싸웠니? (fight, you, did, with Jason, after school)

→ ______________________

3 너는 주말을 잘 보냈니? (have, you, did, a good weekend)

→ ______________________

4 에밀리는 그 사실을 알았니? (know, did, the truth, Emily)

→ ______________________

5 그녀는 어젯밤 택시를 탔니? (did, take, she, a taxi, last night)

→ ______________________

6 그들은 그때 행복해 보였니? (they, look, then, happy, did)

→ ______________________

7 너의 사촌이 그 시계를 고쳤니? (fix, did, your cousin, the clock)

→ ______________________

8 그가 어제 수업을 빼먹었니? (he, his class, yesterday, skip, did)

→ ______________________

9 너의 가족은 작년에 그 호텔에서 묵었니? (at the hotel, stay, your family, did, last year)

→ ______________________

10 그들은 지난여름에 중국을 여행했니? (they, last summer, travel, did, to China)

→ ______________________

VOCA 충전하기

fight 싸우다
after school 방과 후에
taxi 택시
cousin 사촌
clock 시계
hotel 호텔

GRAMMAR 충전하기

정답 P. 12

다음 우리말은 영어로, 영어는 우리말로 바꾸세요.

Eng GOGO
1
에릭은 많은 사진을 찍었니?
(Eric, take, many photos)
KOR 번역하기
ENG
2
너는 여권을 가져왔니?
(bring, your passport)
KOR 번역하기
ENG
3
그가 나를 비웃었니?
(laugh at)
KOR 번역하기
ENG
4
너와 제임스는 점심을 먹었니?
(James, have, lunch)
KOR 번역하기
ENG
5
Did they win the game?
ENG 번역하기
KOR
6
Did he close the window?
ENG 번역하기
KOR
7
Did you call me last night?
ENG 번역하기
KOR

GRAMMAR 충전하기

정답 P. 12

1 다음 빈칸에 들어갈 말로 알맞은 것을 고르세요.

_______ you see a doctor yesterday?

① Are ② Were ③ Do ④ Does ⑤ Did

2 다음 빈칸에 들어갈 말로 알맞지 않은 것을 고르세요.

Did they _______ the house?

① built ② buy ③ clean ④ paint ⑤ sell

3 다음 대화의 빈칸에 들어갈 말이 바르게 짝지어진 것을 고르세요.

A: _______ Anna leave a message?
B: Yes, she _______.

① Do – does ② Does – did ③ Does – don't
④ Did – did ⑤ Did – didn't

HINT 긴급충전
현재로 질문하면 현재로, 과거로 질문하면 과거로 대답해야 어색하지 않겠죠?

4 다음 빈칸에 들어갈 do동사의 형태가 나머지 넷과 다른 하나를 고르세요.

① _______ you take the train yesterday morning?
② _______ your father work at a bank now?
③ _______ we go skiing last winter?
④ _______ they visit you earlier today?
⑤ _______ she cry last night?

5 다음 중 밑줄 친 부분이 어색한 것을 고르세요.

① Did they spoke English?
② Did you bring your lunch?
③ Did Ted have a good time?
④ Did your sister wash the dishes?
⑤ Did your parents go out last night?

100%

6 다음 대화 중 자연스럽지 않은 것을 고르세요.

① A: Did I pass the test? B: Yes, you do.
② A: Did she want a new coat? B: No, she didn't.
③ A: Did Ian ask you many questions? B: Yes, he did.
④ A: Did you drop the fork? B: Yes, I did.
⑤ A: Did it snow a lot last winter? B: No, it didn't.

[7-8] 다음 주어진 우리말을 영어로 옮길 때 빈칸에 알맞은 말을 쓰세요.

7

우리가 어제 우유를 샀니? (buy)

→ ________ ________ ________ milk yesterday?

8

그가 오늘 아침을 요리했니? (cook)

→ ________ ________ ________ breakfast today?

9 다음 문장에서 어법상 어색한 부분을 바르게 고쳐 다시 쓰세요.

그는 어젯밤 늦게 집에 들어왔니?
→ Does he come home late last night?

→ ____

HINT 긴급충전
문장에서 last night이 나오면 과거를 나타냄을 알고 문제를 풀어야 해요.

10 다음 문장을 주어진 지시대로 바꿔 문장을 다시 쓰세요.

She finished the report last week. (의문문으로)

→ ____

GRAMMAR 카드 충전소

정답 P. 13

앞에서 배운 내용을 다음 일반동사 과거형의 의문문 카드에 정리해 보세요.

일반동사 과거형 의문문은?

'~했니?'라는 의미로 주어에 관계없이 문장 앞에 Did를 쓰고 주어 뒤에 동사원형을 써서 만든다.

의문문

- Did + 주어 + 동사원형 ~? ~했니?

She took the bus. 그녀는 버스를 탔다.
→ ______ ______ ______ the bus?
그녀는 버스를 탔니?

He liked ice cream. 그는 아이스크림을 좋아했다.
→ ______ ______ ______ ice cream?
그는 아이스크림을 좋아했니?

They watched the movie. 그들은 그 영화를 봤다.
→ ______ ______ ______ the movie?
그들은 그 영화를 봤니?

의문문과 대답

- Did + 주어 + 동사원형 ~?

- 긍정의 대답: Yes, 주어 + did.
- 부정의 대답: No, 주어 + didn't.

- Did she take the bus?
  Yes, she did. / No, ______ ______.

- Did he like ice cream?
  Yes, he did. / No, ______ ______.

- Did they watch the movie?
  Yes, ______ ______. / No, they didn't.

Unit 07 현재 진행/과거 진행

시제	주어	be동사	동사의 -ing형
현재 진행	I	am	+ -ing
	you / we / they / 복수명사	are	
	he / she / it / 단수명사	is	
과거 진행	I / he / she / it / 단수명사	was	
	you / we / they / 복수명사	were	

1 현재 진행은 '~하고 있다, ~하는 중이다'라는 의미로 지금 진행 중인 일을 나타내며, 「am / are / is+-ing」의 형태로 쓴다.

I am going home now. 나는 지금 집에 가고 있다.
We are waiting for Jimmy. 우리는 지미를 기다리고 있다.
He is staying in Europe. 그는 유럽에서 머물고 있다.

2 과거 진행은 '~하고 있었다, ~하는 중이었다'라는 의미로 과거의 한 시점에 진행 중인 일을 나타내며, 「was / were+-ing」의 형태로 쓴다.

She was eating ice cream. 그녀는 아이스크림을 먹는 중이었다.
It was raining hard. 비가 엄청 내리고 있었다.
We were making a snowman. 우리는 눈사람을 만들고 있었다.

have, like, want, love, know처럼 상태, 소유, 감정을 나타내는 동사는 일반적으로 진행형으로 쓰지 않아요. (단, have가 '먹다'라는 의미로 쓰일 경우 진행형을 쓸 수 있어요.)

I have a dog. 나는 개 한 마리가 있다. I ~~am having~~ a dog. (X)
I'm having dinner now. 나는 지금 저녁을 먹는 중이다.

3 동사의 -ing형 만드는 방법은 다음과 같다.

대부분의 동사	+ -ing	go – going eat – eating work – working
-e로 끝나는 동사	e를 빼고 + -ing	come – coming make – making dance – dancing
-ie로 끝나는 동사	ie를 y로 고치고 + -ing	die – dying tie – tying lie – lying
단모음 + 단자음	마지막 자음을 한 번 더 쓰고 + -ing	run – running cut – cutting swim – swimming

4 진행 시제의 부정문은 「be동사+not+-ing」의 형태이고, 진행 시제의 의문문은 「be동사+주어+-ing ~?」의 형태이다.

> 진행 시제 의문문은 「Yes, 주어+be동사.」 또는 「No, 주어+be동사+not.」으로 대답해요.

She is wearing glasses now. 그녀는 지금 안경을 쓰고 있다.
→ She is not wearing glasses now. 그녀는 지금 안경을 쓰고 있지 않다.
→ Is she wearing glasses now? 그녀는 지금 안경을 쓰고 있니?
Yes, she is. 응, 그래. / No, she isn't. 아니, 안 그래.

They were watching TV. 그들은 TV를 보고 있었다.
→ They were not watching TV. 그들은 TV를 보고 있지 않았다.
→ Were they watching TV? 그들은 TV를 보고 있었니?
Yes, they were. 응, 그랬어. / No, they weren't. 아니, 안 그랬어.

Check-up 1

정답 P. 13

★ 다음 동사의 -ing형을 쓰세요.

1 work 일하다 → ____________
2 teach 가르치다 → ____________
3 read 읽다 → ____________
4 play 놀다 → ____________
5 live 살다 → ____________
6 write 쓰다 → ____________
7 smile 미소 짓다 → ____________
8 leave 떠나다 → ____________
9 lie 거짓말하다 → ____________
10 die 죽다 → ____________
11 hit 때리다 → ____________
12 get 얻다 → ____________
13 begin 시작하다 → ____________
14 put 놓다 → ____________

정답 P. 13

★ **다음 동사의 -ing형을 쓰세요.**

1 take 가지고 가다 → ________

2 sleep 자다 → ________

3 sit 앉다 → ________

4 study 공부하다 → ________

5 visit 방문하다 → ________

6 tie 묶다 → ________

7 fly 날다 → ________

8 rain 비가 오다 → ________

9 come 오다 → ________

10 do 하다 → ________

11 learn 배우다 → ________

12 show 보여 주다 → ________

13 talk 말하다 → ________

14 build 짓다 → ________

15 pay 지불하다 → ________

16 practice 연습하다 → ________

17 have 가지다 → ________

18 drink 마시다 → ________

19 ride 타다 → ________

20 eat 먹다 → ________

21 clean 청소하다 → ________

22 make 만들다 → ________

23 tell 말하다 → ________

24 swim 수영하다 → ________

25 shake 흔들다 → ________

26 cry 울다 → ________

27 cut 자르다 → ________

28 stop 멈추다 → ________

29 watch 보다 → ________

30 save 구하다 → ________

31 use 사용하다 → ________

32 call 부르다 → ________

33 help 돕다 → ________

34 jog 조깅하다 → ________

35 shine 빛나다 → ________

36 look 보다 → ________

37 meet 만나다 → ________

38 dance 춤추다 → ________

39 go 가다 → ________

40 wait 기다리다 → ________

41 plan 계획하다 → ________

42 walk 걷다 → ________

43 wear 입다 → ________

44 drive 운전하다 → ________

GRAMMAR 충전하기

정답 P. 13

A 다음 밑줄 친 부분에 유의하여 괄호 안에 알맞은 말을 고르세요.

1 I (am / was) doing my homework now.

2 My mom (is / was) baking muffins then.

3 The students (are / were) taking a test now.

4 We (are / were) sitting on the grass at that time.

5 People (are / were) standing in line now.

6 He (is / was) watering the flowers an hour ago.

VOCA 충전하기

bake 굽다
muffin 머핀
grass 잔디, 풀
stand in line 줄을 서다

B 다음 주어진 단어를 -ing형으로 바꿔 문장을 완성하세요.

1 The girl is ______ sadly now. (cry)

2 We are ______ on the beach now. (lie)

3 The man was ______ brightly then. (smile)

4 She is ______ out the candles now. (blow)

5 We were ______ to the market at that time. (go)

6 They were ______ to the bus a few minutes ago. (run)

sadly 슬프게
brightly 환하게, 밝게
blow out 불어서 끄다
candle 초
market 시장

정답 P. 14

다음 우리말에 따라 주어진 단어를 이용하여 진행형 문장을 완성하세요.

VOCA 충전하기

- **grow** 자라다
- **dragonfly** 잠자리
- **talk on the phone** 전화로 이야기하다
- **minute** (시간 단위) 분

1 I __________ __________ my teeth now. (brush)
나는 지금 이를 닦고 있다.

2 The plants __________ __________ fast. (grow)
그 식물들은 빨리 자라고 있다.

3 The kids __________ __________ dragonflies. (catch)
아이들은 잠자리를 잡고 있다.

4 He __________ __________ __________ now. (study, not)
그는 지금 공부를 하고 있지 않다.

5 The baby __________ __________ __________ now. (sleep, not)
아기는 지금 잠을 자고 있지 않다.

6 __________ you __________ a song then? (sing)
너는 그때 노래를 부르고 있었니?

7 They __________ __________ a school then. (build)
그들은 그때 학교를 짓고 있었다.

8 She __________ __________ __________ her sister at that time. (help, not)
그녀는 그때 자신의 여동생을 돕지 않고 있었다.

9 __________ the workers __________ the boxes then? (move)
그때 일꾼들이 그 상자들을 나르고 있었니?

10 __________ he __________ on the phone ten minutes ago? (talk)
그는 10분 전에 통화 중이었니?

정답 P. 14

A 다음 밑줄 친 부분에 유의하여 진행형 문장으로 바꿔 쓰세요. (단, 현재, 과거에 유의할 것)

1 We enjoy the party.

→ ______________________

2 The magician shows card tricks.

→ ______________________

3 The children jump on the sofa.

→ ______________________

4 They fixed the roof.

→ ______________________

5 Nick traveled with his family.

→ ______________________

VOCA 충전하기

magician 마술사
trick 마술, 묘기
roof 지붕
travel 여행하다

B 다음 밑줄 친 부분에 유의하여 주어진 문장을 부정문과 의문문으로 바꿔 쓰세요.

1 She is eating a hamburger.

부정문: ______________________

의문문: ______________________

2 He was jogging in the park then.

부정문: ______________________

의문문: ______________________

3 You are writing a letter.

부정문: ______________________

의문문: ______________________

VOCA 충전하기

hamburger 햄버거
jog 조깅하다
write ~을 쓰다
letter 편지

GRAMMAR 충전하기

정답 P. 14

다음 우리말과 같은 뜻이 되도록 주어진 단어를 알맞게 배열하세요.

1 그 나무는 죽어가고 있다. (is, the tree, dying)

→ ______________________________

2 그녀는 무대 위에서 춤을 추고 있다. (is, on the stage, now, she, dancing)

→ ______________________________

3 많은 차들이 다리를 건너고 있다. (are, the bridge, crossing, many cars)

→ ______________________________

4 그들은 지금 보트를 타고 있지 않다. (not, a boat, now, riding, are, they)

→ ______________________________

5 지금 바람이 심하게 불고 있니? (the wind, hard, is, blowing, now)

→ ______________________________

6 나는 내 남동생을 찾고 있었다. (was, my brother, looking for, I)

→ ______________________________

7 크리스는 자신의 개들에게 먹이를 주고 있었다. (feeding, Chris, his dogs, was)

→ ______________________________

8 우리는 그때 수영장에서 수영을 하고 있었다. (in the pool, swimming, were, we, then)

→ ______________________________

9 나는 그때 샤워를 하고 있지 않았다. (I, taking, at that time, a shower, was not)

→ ______________________________

10 너는 나를 따라오고 있었니? (you, me, following, were)

→ ______________________________

VOCA 충전하기

stage 무대
bridge 다리
boat 배, 보트
look for ~을 찾다
feed 먹이를 주다
pool 수영장
take a shower 샤워를 하다
follow 따라가다[오다]

GRAMMAR 충전하기

정답 P. 14

다음 우리말은 영어로, 영어는 우리말로 바꾸세요.

Eng GOGO

1 전화가 울리고 있다.
(the phone, ring)
KOR 번역하기 → ENG

2 우리는 그때 소풍을 가고 있었다.
(go on a picnic, then)
KOR 번역하기 → ENG

3 너는 나에게 거짓말을 하고 있니?
(lie to)
KOR 번역하기 → ENG

4 그때는 비가 내리고 있지 않았다.
(it, not, rain, at that time)
KOR 번역하기 → ENG

5 Guests are coming to the party now.
ENG 번역하기 → KOR

6 I was driving a car then.
ENG 번역하기 → KOR

7 Is she making a sweater?
ENG 번역하기 → KOR

GRAMMAR 충전하기

정답 P. 14

[1-2] 다음 중 동사의 -ing형이 바르게 연결되지 않은 것을 고르세요.

1 ① mix – mixing ② put – putting
③ play – playing ④ begin – begining
⑤ teach – teaching

2 ① talk – talking ② shop – shopping
③ take – takeing ④ change – changing
⑤ tie – tying

3 다음 빈칸에 들어갈 말로 알맞은 것을 고르세요.

She ____________ drawing a giraffe now.

① am ② are ③ is ④ was ⑤ were

4 다음 빈칸에 공통으로 들어갈 말로 알맞은 것을 고르세요.

- Jane, ____________ you studying an hour ago?
- Ben and Jerry ____________ waiting for the bus then.

① am ② are ③ is ④ was ⑤ were

[5-6] 다음 우리말을 영어로 옮길 때 빈칸에 알맞은 말을 고르세요.

5

그녀는 그때 모자를 쓰고 있지 않았다.
→ She ____________ wearing a hat at that time.

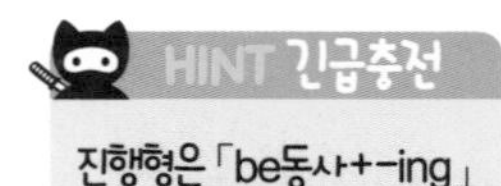

HINT 긴급충전
진행형은 「be동사+-ing」라는 것은 잊지 않았겠죠?

① isn't ② wasn't ③ weren't ④ doesn't ⑤ didn't

100%

6 그는 지금 토마토를 자르고 있다.

→ He ____________ the tomatoes now.

① cut ② cutting ③ is cutting
④ was cut ⑤ was cutting

HINT 긴급충전

진행형에서는 주어진 시간 표현(now)을 잘 보고 현재인지 과거인지 잘 판단해야 해요.

7 다음 대화의 빈칸에 알맞은 말을 쓰세요.

A: Are you coming to my house?
B: __________, __________ __________. I'm going to the park.

8 다음 밑줄 친 부분을 바르게 고쳐 쓰세요.

Kate ⓐ <u>not cleaning</u> her room now. She is ⓑ <u>lie</u> on the bed.

→ ⓐ ____________________ ⓑ ____________________

[9-10] 다음 문장을 주어진 지시대로 바꿔 문장을 다시 쓰세요.

9 He is teaching the alphabet to the kids. (과거 진행으로)

→ ____

10 They are taking a walk. (의문문으로)

→ ____

조동사 can/may/must/will

조동사란?	동사에 가능, 추측, 의무, 미래 등의 의미를 더해 주는 말
긍정문	주어 + 조동사 + 동사원형
부정문	주어 + 조동사 + not + 동사원형
의문문	조동사 + 주어 + 동사원형 ~?

1 「can+동사원형」은 가능(~할 수 있다)과 허가(~해도 좋다)를 나타낸다.

1) 가능(= be able to)

He can[is able to] ride a bike. 그는 자전거를 탈 수 있다.
She cannot[is not able to] swim. 그녀는 수영을 할 수 없다.
A: Can you speak Chinese? 너는 중국어를 할 수 있니?
B: Yes, I can. 응, 할 수 있어. / No, I can't. 아니, 할 수 없어.

조동사는 주어의 인칭이나 수에 따라 형태가 변하지 않고 뒤에 동사원형을 써요.

2) 허가(= may)

You can[may] go now. 너는 지금 가도 좋다.
A: Can I use your pencil? 내가 너의 연필을 써도 되니?
B: Yes, you can. 응, 그래. / No, you can't. 아니, 안 돼.

조동사 의문문은 「Yes, 주어+조동사.」 또는 「No, 주어+조동사+not.」으로 대답해요.

2 「may+동사원형」은 추측(~일지도 모른다)과 허가(~해도 좋다)를 나타낸다.

1) 추측

He may be at school. 그는 학교에 있을지도 모른다.
She may not come today. 그녀는 오늘 안 올지도 모른다.

2) 허가(= can)

You may[can] borrow my book. 너는 내 책을 빌려도 좋다.
A: May I come in? 제가 들어가도 되나요?
B: Yes, you may. 응, 그래. / No, you may not. 아니, 안 돼.

3 「must+동사원형」은 필요나 의무(~해야 한다), 강한 추측(~임이 틀림없다)을 나타낸다. 부정형 must not은 금지(~해서는 안 된다)를 나타낸다.

1) 필요나 의무(= have/has to)

You must[have to] follow the rule. 너는 그 규칙을 지켜야 한다.
You must not be late for school. 너는 학교에 늦어서는 안 된다.

2) 강한 추측

He must be sick. 그는 아픈 것이 틀림없다.
They must like books. 그들은 책을 좋아하는 것이 틀림없다.

Power-up

필요나 의무를 나타내는 must는 have/has to 바꿔 쓸 수 있지만, must not은 don't/doesn't have to로 바꿔 쓸 수 없어요. don't/doesn't have to는 '~할 필요가 없다'라는 의미를 나타내요.

You must not tell a lie. (금지) 너는 거짓말을 하면 안 된다.
You don't have to hurry. (불필요) 너는 서두를 필요 없다.

must not은 mustn't로 줄여 쓸 수 있어요.

4 「will+동사원형」은 의지(~하겠다), 미래(~일 것이다)를 나타낸다.

1) 의지 또는 순간적 결정

I will answer the phone. 내가 전화를 받겠다.
I will not[won't] forgive you. 나는 너를 용서하지 않겠다.

2) 미래(= be going to)

We'll[are going to] visit Spain next month. 우리는 다음 달에 스페인에 갈 것이다.
It won't[isn't going to] rain tomorrow. 내일 비가 오지 않을 것이다.
A: Will she be alright? 그녀가 괜찮을까요?
B: Yes, she will. 네, 그럴 거예요. / No, she won't. 아니요, 그렇지 않을 거예요.

「주어+will」은 주어'll로 줄여 쓸 수 있고, 부정형 will not은 won't로 줄여 쓸 수 있어요.

Check-up

정답 P. 15

★ 다음 조동사의 의미로 알맞은 것에 모두 동그라미 하세요.

1 can (~할 수 있다 / ~해야 한다 / ~해도 좋다)

2 may (~일지도 모른다 / ~해도 좋다 / ~임이 틀림없다)

3 must (~해야 한다 / ~해도 좋다 / ~임이 틀림없다)

4 will (~해야 한다 / ~하겠다 / ~일 것이다)

GRAMMAR 충전하기

정답 P. 15

다음 우리말과 일치하도록 괄호 안에 알맞은 것을 고르세요.

VOCA 충전하기

later 나중에
yet 아직

1 Birds (can / must) fly.
새는 날 수 있다.

2 It (must / may) rain later.
나중에 비가 올지도 모른다.

3 (May / Will) I come in?
제가 들어가도 되나요?

4 I (will / must) leave now.
나는 지금 떠나야 한다.

5 (Can / Will) they help him?
그들이 그를 도와줄까?

6 She (cannot / will not) watch TV.
그녀는 TV를 보지 않을 것이다.

7 The baby (will not / cannot) walk yet.
그 아기는 아직 걸을 수 없다.

8 They (must / may) be very happy.
그들은 매우 행복한 것이 틀림없다.

9 We (do not have to / must not) swim here.
우리는 여기서 수영을 하면 안 된다.

10 I (will / may) be twelve next year.
나는 내년에 12살이 될 것이다.

GRAMMAR 충전하기

30%

정답 P. 15

다음 주어진 단어를 이용하여 문장을 완성하세요.

1 Julie ________ ________ the cello. (play)
줄리는 첼로를 연주할 수 있다.

2 Alex ________ ________ my computer. (use)
알렉스는 내 컴퓨터를 사용할 수 없다.

3 You ________ ________ home now. (go)
너는 이제 집에 가도 좋다.

4 I ________ ________ Tim tonight. (meet)
나는 오늘 밤 팀을 만날지도 모른다.

5 He ________ ________ ________ at home. (be, not)
그는 집에 없을지도 모른다.

6 We ________ ________ you very much. (miss)
우리는 네가 무척 그리울 것이다.

7 I ________ ________ ________ anyone. (tell, not)
나는 아무한테도 말하지 않을 것이다.

8 You ________ ________ a doctor. (see)
너는 의사 선생님의 진료를 받아야 한다.

9 ________ I ________ next to you? (sit)
내가 네 옆에 앉아도 될까?

10 ________ they ________ on time? (arrive)
그들은 제시간에 도착할까?

cello 첼로
use 이용하다, 사용하다
tonight 오늘 밤
anyone 누구, 아무
next to ~옆에

GRAMMAR 충전하기

정답 P. 15

A **다음 밑줄 친 부분을 괄호 안에 주어진 단어로 바꿔 문장을 다시 쓰세요.**

1 May I speak to Mr. White? (can)

→ ____________________

2 You must be careful. (have to)

→ ____________________

3 Jenny can read German. (be able to)

→ ____________________

4 We will go to Hawaii. (be going to)

→ ____________________

VOCA 충전하기

speak to ~와 통화하다
careful 주의하는, 신중한
German 독일어

B **다음 밑줄 친 부분에 유의하여 주어진 문장을 우리말에 맞게 다시 쓰세요.**

1 We knock on the door. 우리는 문을 두드린다.

→ ____________________ 우리는 문을 두드릴 것이다.

2 He wears a seatbelt. 그는 좌석벨트를 착용한다.

→ ____________________ 그는 좌석벨트를 착용해야 한다.

3 She goes to the movies. 그녀는 영화를 보러 간다.

→ ____________________ 그녀는 영화를 보러 갈지도 모른다.

4 The nurse doesn't know his face. 그 간호사는 그의 얼굴을 모른다.

→ ____________________ 그 간호사는 그의 얼굴을 모를지도 모른다.

5 Ben speaks two languages. 벤은 2개 국어를 한다.

→ ____________________ 벤은 2개 국어를 할 수 있다.

6 They don't cross the street here. 그들은 여기서 길을 건너지 않는다.

→ ____________________ 그들은 여기서 길을 건너면 안 된다.

VOCA 충전하기

knock on ~을 두드리다
seatbelt 좌석벨트
nurse 간호사
language 언어

GRAMMAR 충전하기

정답 P. 16

다음 우리말과 같은 뜻이 되도록 주어진 단어를 알맞게 배열하세요.

1 너는 휴식을 취해야 한다. (take, must, you, a rest)

→ ______________________________

2 내가 질문하나 해도 될까? (I, a question, ask, can)

→ ______________________________

3 너는 그것을 만지면 안 된다. (must, it, touch, not, you)

→ ______________________________

4 그녀는 화가 났을지도 모른다. (be, she, angry, may)

→ ______________________________

5 벨라는 젓가락을 사용할 수 없다. (can't, Bella, chopsticks, use)

→ ______________________________

6 너는 이 퍼즐을 풀 수 있니? (can, this puzzle, solve, you)

→ ______________________________

7 나는 그와 다시는 얘기하지 않을 것이다. (again, won't, to him, talk, I)

→ ______________________________

8 그는 나를 기억하지 못할지도 모른다. (not, me, may, he, remember)

→ ______________________________

9 존은 친구가 많은 것이 틀림없다. (many, must, John, have, friends)

→ ______________________________

10 피터는 다음 주에 파리로 여행을 갈 것이다. (will, to Paris, Peter, next week, travel)

→ ______________________________

VOCA 충전하기

take a rest 휴식을 취하다
question 질문
touch 만지다, 건드리다
chopstick 젓가락
solve 풀다, 해결하다
puzzle 퍼즐

GRAMMAR 충전하기

정답 P. 16

다음 우리말은 영어로, 영어는 우리말로 바꾸세요.

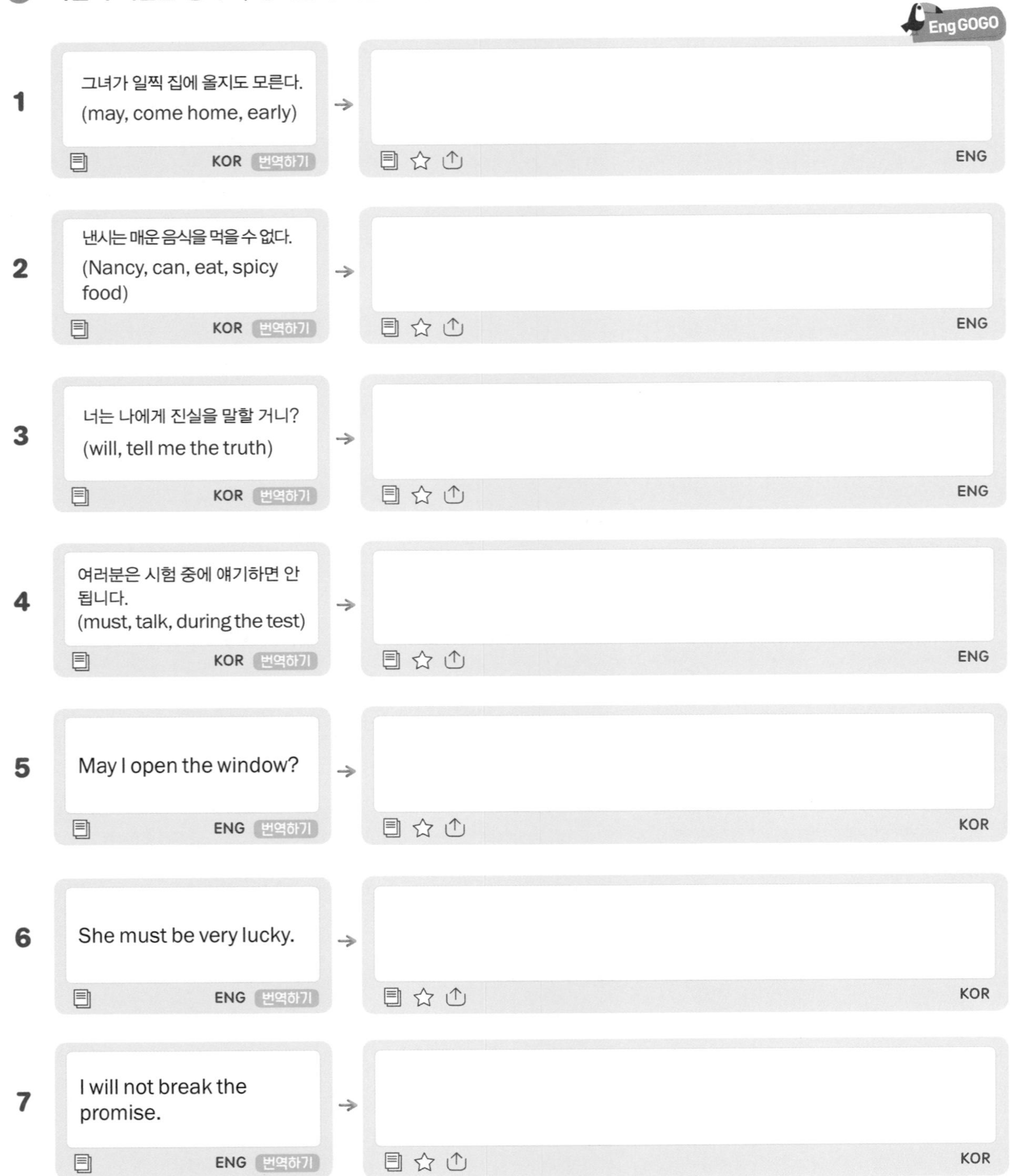

1 그녀가 일찍 집에 올지도 모른다.
(may, come home, early)
KOR 번역하기 → ENG

2 낸시는 매운 음식을 먹을 수 없다.
(Nancy, can, eat, spicy food)
KOR 번역하기 → ENG

3 너는 나에게 진실을 말할 거니?
(will, tell me the truth)
KOR 번역하기 → ENG

4 여러분은 시험 중에 얘기하면 안 됩니다.
(must, talk, during the test)
KOR 번역하기 → ENG

5 May I open the window?
ENG 번역하기 → KOR

6 She must be very lucky.
ENG 번역하기 → KOR

7 I will not break the promise.
ENG 번역하기 → KOR

정답 P. 16

1 다음 우리말과 같도록 빈칸에 들어갈 말로 알맞은 것을 고르세요.

내 컴퓨터가 고장 났어. 나는 내일 그것을 고칠 거야.
→ My computer doesn't work. I ________ fix it tomorrow.

① may ② can't ③ won't ④ will ⑤ must

2 다음 빈칸에 들어갈 말로 알맞은 것을 고르세요.

Sam may ________ me tonight.

① call ② calls ③ called
④ calling ⑤ be called

3 다음 문장의 의미가 변하지 않으면서 밑줄 친 부분과 바꿔 쓸 수 있는 것을 고르세요.

You <u>can</u> use my umbrella.

① will ② must ③ may
④ are able to ⑤ have to

HINT 긴급충전
조동사 can은 '~할 수 있다'와 '~해도 된다'의 두 가지 뜻을 갖고 있으니 주의하세요.

4 다음 우리말과 의미가 같은 것을 고르세요.

너는 늦으면 안 된다.

① You aren't going to be late. ② You won't be late.
③ You aren't able to be late. ④ You must not be late.
⑤ You don't have to be late.

5 다음 중 밑줄 친 부분의 의미가 나머지 넷과 <u>다른</u> 하나를 고르세요.

① She <u>may</u> be wrong. ② You <u>may</u> leave early.
③ It <u>may</u> snow tomorrow. ④ They <u>may</u> win the prize.
⑤ He <u>may</u> be at the gym.

100%

[6-7] 다음 빈칸에 공통으로 들어갈 조동사를 쓰세요.

6

- They __________ listen to their teacher.
  그들은 선생님의 말씀에 귀를 기울여야 한다.
- It is snowing heavily. It __________ be cold outside.
  눈이 많이 오고 있다. 밖이 추운 것임에 틀림없다.

7

- Kevin is a fast runner. He __________ run very fast.
  케빈은 빠른 주자이다. 그는 매우 빠르게 달릴 수 있다.
- You __________ borrow this book.
  너는 이 책을 빌려도 된다.

8 다음 우리말과 같은 뜻이 되도록 주어진 단어를 이용하여 문장을 완성하세요.

이 영화는 재미없을지도 모른다. (this movie, interesting)

→ ______________________________

HINT 긴급충전

조동사의 부정문은 조동사 뒤에 not과 동사원형이 와야 해요. interesting은 형용사인데요, 그럼 무엇이 추가로 필요할까요?

[9-10] 다음 문장을 주어진 단어를 이용하여 문장을 다시 쓰세요.

9

Amy can ride a horse. (be able to)

→ ______________________________

10

You must think carefully. (have to)

→ ______________________________

THIS IS GRAMMAR

Starter 2

Workbook

정답 P. 17

A 다음 문장을 완성한 후, 퍼즐에서 숨겨진 정답을 찾으세요.

1 It ________ wings. 그것은 날개를 가지고 있다.

2 He ________ work at 6pm. 그는 오후 6시에 일을 마친다.

3 I ________ toys into the box.
나는 장난감들을 상자에 넣는다.

4 Lisa ________ her bike after school.
리사는 방과 후에 자전거를 탄다.

5 People ________ warm weather.
사람들은 따뜻한 날씨를 즐긴다.

t	p	z	x	a	r	v	c	r	s
s	i	u	o	e	i	r	s	o	p
g	h	d	t	h	d	c	d	l	j
f	m	o	d	x	e	o	w	r	e
w	q	g	h	a	s	n	h	j	w
i	s	o	e	s	b	c	j	m	r
g	a	w	v	u	d	m	e	o	i
f	i	n	i	s	h	e	s	g	y

B 다음 미로에서 알맞은 단어를 골라 문장을 완성하세요.

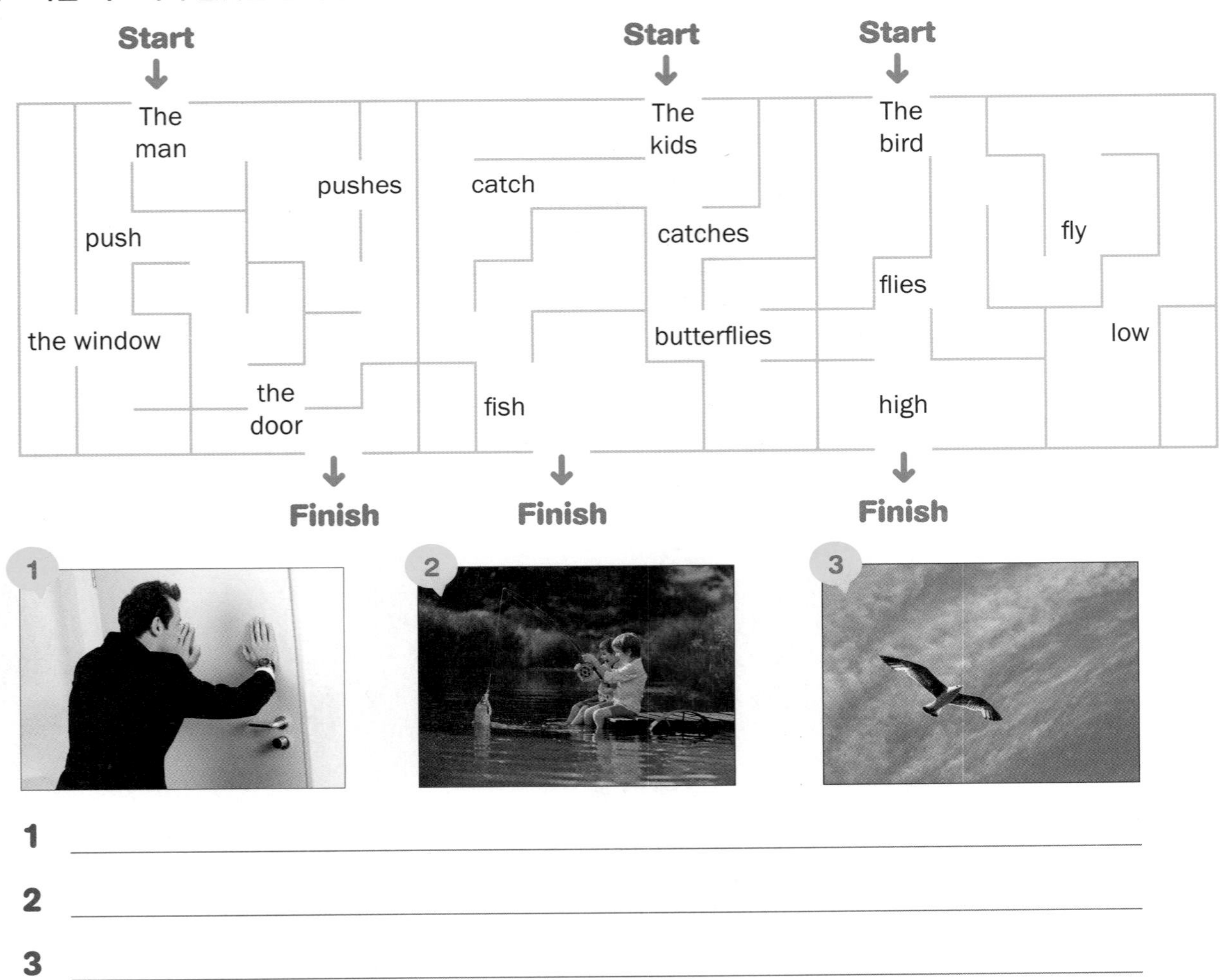

1 ______________________________

2 ______________________________

3 ______________________________

l-youngsin

30	15.7k	80
게시물	팔로워	팔로잉

우리말을 영어로 번역하여 SNS에 올려보세요!

1 나는 10달러를 지불한다. (pay, ten dollars)

→ ____________________

2 그녀는 항상 나에게 미소를 짓는다. (always, smile at)

→ ____________________

3 그는 침대에 눕는다. (lie, on the bed)

→ ____________________

4 그 농부들은 가을에 사과들을 딴다. (the farmers, pick, in the fall)

→ ____________________

5 그 소년은 가끔 거짓말을 한다. (the boy, sometimes, tell, a lie)

→ ____________________

6 우리 할머니는 혼자 사신다. (my grandmother, live, alone)

→ ____________________

7 매리는 도서관에서 공부한다. (Mary, study, in the library)

→ ____________________

8 그 가게는 신발을 판다. (the store, sell, shoes)

→ ____________________

9 우리는 매일 늦게 일어난다. (get up late, every day)

→ ____________________

10 나는 지금 피곤하다. (feel, tired, now)

→ ____________________

좋아요 1,789개

#일반동사 #일반동사의 현재형

일반동사 현재형의 부정문

정답 P. 17

A 다음 주어진 단어를 이용하여 문장을 완성한 후 답으로 피라미드를 만드세요.

1 우리는 소풍을 자주 가지 않는다. (go)

→ We ____________________ on a picnic often.

2 나는 그것들을 싫어하지 않는다. (hate)

→ I ____________________ them.

3 그들은 서로 싸우지 않는다. (fight)

→ They ____________________ with each other.

4 돈은 행복을 의미하지 않는다. (mean)

→ Money ____________________ happiness.

5 빌은 친구들과 시간을 보내지 않는다. (spend)

→ Bill ____________________ time with his friends.

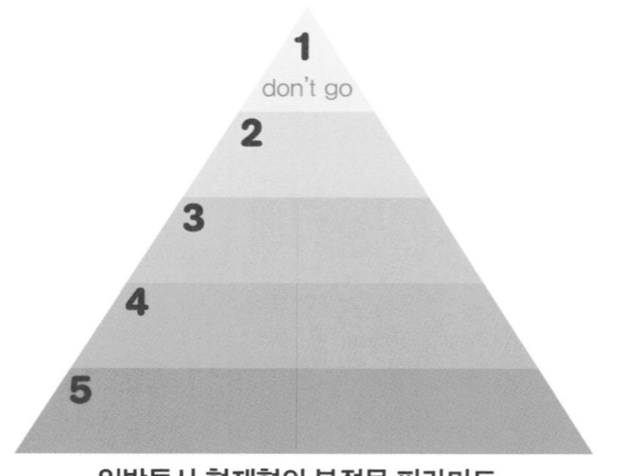

일반동사 현재형의 부정문 피라미드

B 다음 우리말에 알맞은 단어를 찾아 문장을 완성하세요.

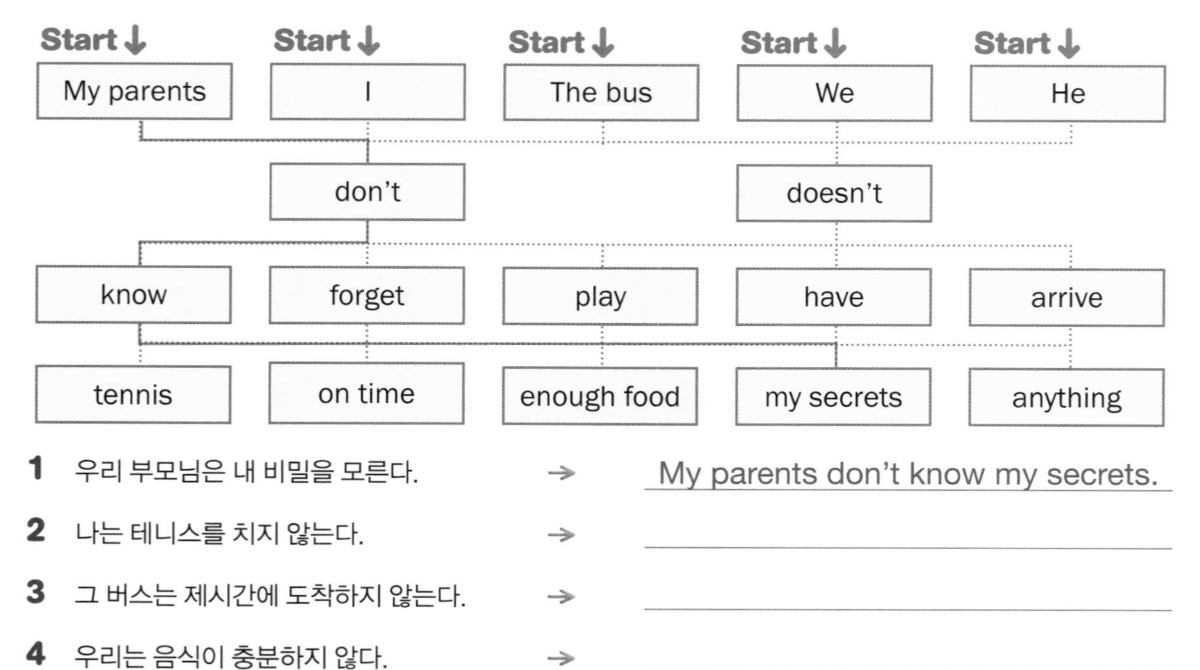

1 우리 부모님은 내 비밀을 모른다. → My parents don't know my secrets.

2 나는 테니스를 치지 않는다. → ____________________

3 그 버스는 제시간에 도착하지 않는다. → ____________________

4 우리는 음식이 충분하지 않다. → ____________________

5 그는 어떤 것도 잊지 않는다. → ____________________

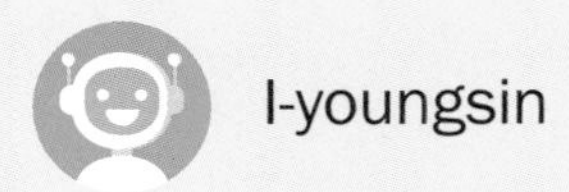

30	15.7k	80
게시물	팔로워	팔로잉

우리말을 영어로 번역하여 SNS에 올려보세요!

1 나는 실수를 하지 않는다. (make, a mistake)

→ ______________________________

2 그는 지하철을 타지 않는다. (take, the subway)

→ ______________________________

3 그 개는 건강해 보이지 않는다. (look, healthy)

→ ______________________________

4 그 남자들은 영어로 말하지 않는다. (the men, speak, in English)

→ ______________________________

5 그 프린터가 잘 작동하지 않는다. (the printer, work well)

→ ______________________________

6 그들은 그 여자를 믿지 않는다. (trust, the woman)

→ ______________________________

7 그녀는 나에게 말을 하지 않는다. (talk, to me)

→ ______________________________

8 그것은 물고기를 먹지 않는다. (eat, fish)

→ ______________________________

9 그 새는 날지 않는다. (the bird, fly)

→ ______________________________

10 아이들은 채소를 좋아하지 않는다. (children, like, vegetables)

→ ______________________________

#일반동사 #일반동사 현재형의 부정문 #do not, does not

Unit 03 일반동사 현재형의 Yes / No 의문문

정답 P. 17

A 다음 대화의 밑줄 친 부분을 어법에 맞게 고쳐 쓰세요.

1 A: Does you drink coffee? 너는 커피를 마시니? → ______
B: Yes, I do. 응, 그래.

2 A: Does your dog jump high? 너의 개는 높이 점프하니? → ______
B: Yes, it do. 응, 그래.

3 A: Does he feels angry? 그는 화가 났니? → ______
B: Yes, he does. 응, 그래.

4 A: Do we have history today? 우리 오늘 역사 수업이 있니? → ______
B: No, we aren't. 아니, 없어.

5 A: Do she go to the gym? 그녀는 체육관에 가니? → ______
B: No, she doesn't. 아니, 가지 않아.

B 다음 우리말과 같은 뜻이 되도록 알맞은 단어를 찾아 연결하여 완성하세요.

1 그는 빨리 말하니? → ______

2 그들은 기타 레슨을 받니? → ______

3 너의 여동생은 자주 우니? → ______

4 너는 학교를 4시에 마치니? → ______

5 너와 알렉스는 같이 공부하니? → ______

l-youngsin

30	15.7k	80
게시물	팔로워	팔로잉

우리말을 영어로 번역하여 SNS에 올려보세요!

1 그는 중국에 사니? (live, in China)

→ ____________________

2 너는 쿠키를 좀 더 원하니? (want, more cookies)

→ ____________________

3 나 아파 보이니? (look, sick)

→ ____________________

4 그녀는 인터넷을 사용하니? (use, the Internet)

→ ____________________

5 그 아이들은 공을 가지고 놀고 있니? (the children, play with a ball)

→ ____________________

6 너는 침대에서 자니? (sleep, on the bed)

→ ____________________

7 너의 부모님은 여기에서 일하시니? (work, here)

→ ____________________

8 비가 많이 내리니? (it, rain, a lot)

→ ____________________

9 제이슨은 방과 후에 자전거를 타니? (Jason, ride his bike, after school)

→ ____________________

10 너 시간 있니? (have time)

→ ____________________

좋아요 1,450개

#일반동사 #일반동사 현재형의 의문문 #Do+주어+동사원형 ~? / Does+주어+동사원형 ~?

일반동사의 과거형

정답 P. 18

A 코드표를 보고 알맞은 단어를 찾아 문장을 완성하세요.

■	□	▣	▤	▥	▦	▧	▨	▩	▲	△	▶	▼	▽	◆	◇	◈	○	◎	●	◐	◑	★	♠	♣	♡
A	B	C	D	E	F	G	H	I	J	K	L	M	N	O	P	Q	R	S	T	U	V	W	X	Y	Z

1 He □◆◐▧▨● a new car last year.

→ He ______________ a new car last year.

2 I ◐◎▥▤ her computer yesterday.

→ I ______________ her computer yesterday.

3 Tracy ▲◆▧▧▥▤ in the park this morning.

→ Tracy ______________ in the park this morning.

4 My uncle ▼■○○▩▥▤ his girlfriend last month.

→ My uncle ______________ his girlfriend last month.

B 우리말과 같은 뜻이 되도록 알맞은 단어를 연결하여 문장을 완성하세요.

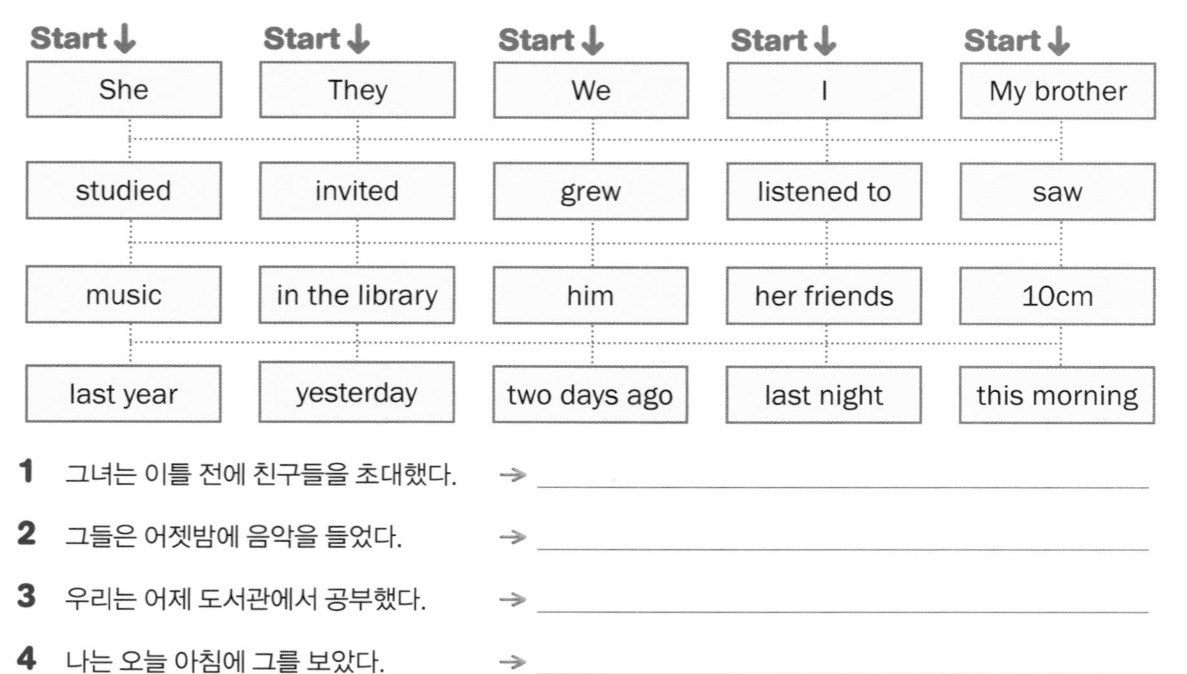

1 그녀는 이틀 전에 친구들을 초대했다. → ______________________________

2 그들은 어젯밤에 음악을 들었다. → ______________________________

3 우리는 어제 도서관에서 공부했다. → ______________________________

4 나는 오늘 아침에 그를 보았다. → ______________________________

5 우리 형은 작년에 10cm 자랐다. → ______________________________

l-youngsin

30 게시물 | 15.7k 팔로워 | 80 팔로잉

우리말을 영어로 번역하여 SNS에 올려보세요!

1 그가 음식을 다 먹어버렸다. (eat, all the food)

→ ______________________________

2 차가 나무를 들이받았다. (the car, hit, a tree)

→ ______________________________

3 비는 오후에 그쳤다. (the rain, stop, in the afternoon)

→ ______________________________

4 여름 방학이 시작되었다. (the summer vacation, start)

→ ______________________________

5 케빈이 재미있는 이야기를 했다. (Kevin, tell, a funny story)

→ ______________________________

6 우리는 파티에서 노래를 불렀다. (sing, a song, at the party)

→ ______________________________

7 나는 작년에 많은 돈을 저축했다. (save, a lot of money, last year)

→ ______________________________

8 그들은 무거운 가방을 들고 다녔다. (carry, heavy bags)

→ ______________________________

9 그녀가 어젯밤에 바이올린을 연주했다. (play, the violin, last night)

→ ______________________________

10 그들은 오늘 아침 일찍 집을 떠났다. (leave home, early, this morning)

→ ______________________________

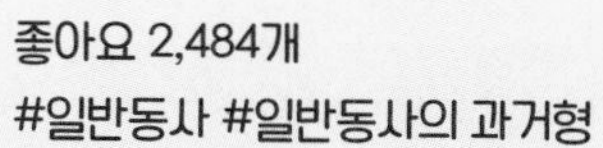

좋아요 2,484개

#일반동사 #일반동사의 과거형

일반동사 과거형의 부정문

정답 P. 18

A 다음 주어진 단어를 이용하여 문장을 완성한 후 답으로 피라미드를 만드세요. (단, 축약형으로 쓸 것)

1 나는 오늘 학교에 가지 않았다. (go)

→ I ____________________ to school today.

2 앨리스는 아무것도 먹지 않았다. (eat)

→ Alice ____________________ anything.

3 그녀는 내 메시지를 읽지 않았다. (read)

→ She ____________________ my message.

4 그는 자신의 방을 청소하지 않았다. (clean)

→ He ____________________ his room.

5 그들은 나를 용서하지 않았다. (forgive)

→ They ____________________ me.

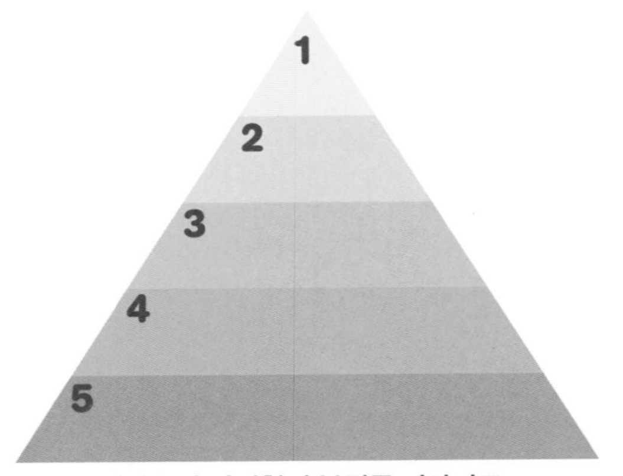

일반동사 과거형의 부정문 피라미드

B 우리말과 같은 뜻이 되도록 알맞은 단어를 연결하여 문장을 완성하세요.

Start↓	Start↓	Start↓	Start↓	Start↓
I	You	They	Jerry	He
		did not		
answer	live	know	catch	wash
your hands	the bus	her well	in this town	my question

1 나는 이 마을에 살지 않았다. → ____________________

2 너는 손을 씻지 않았다. → ____________________

3 그들은 그 버스를 타지 않았다. → ____________________

4 Jerry는 그녀를 잘 알지 못했다. → ____________________

5 그는 내 질문에 대답하지 않았다. → ____________________

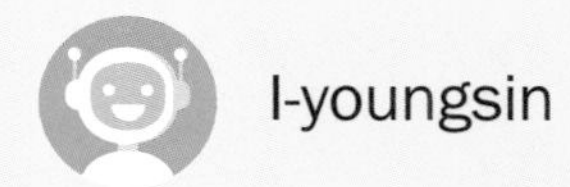

I-youngsin

30 게시물 15.7k 팔로워 80 팔로잉

우리말을 영어로 번역하여 SNS에 올려보세요!

1 버스는 오지 않았다. (the bus, come)

→ ______________________________

2 그는 시를 쓰지 않았다. (write, poems)

→ ______________________________

3 음식은 맛있지 않았다. (the food, taste, good)

→ ______________________________

4 그녀는 혼자 여행하지 않았다. (travel, alone)

→ ______________________________

5 나는 아무것도 느끼지 못했다. (feel, anything)

→ ______________________________

6 그 소녀는 장화를 신지 않았다. (the girl, wear, rain boots)

→ ______________________________

7 우리는 어젯밤에 외출하지 않았다. (go out, last night)

→ ______________________________

8 그 학생들은 그 시험을 보지 않았다. (the students, take, the test)

→ ______________________________

9 나는 오늘 아침에 토니를 보지 않았다. (see, Tony, this morning)

→ ______________________________

10 그는 작년에 수학을 가르치지 않았다. (teach, math, last year)

→ ______________________________

좋아요 1,939개

#일반동사 #일반동사 과거형의 부정문 #did not

A 다음 그림을 보고, 주어진 단어를 이용하여 일반동사 과거시제 대화를 완성하세요.
(단, 부정 대답은 축약형으로 쓸 것)

1 A: ________ the girl ________ a fork? (use) B: No, she ________.

2 A: ________ he ________ an A+ on the test? (get) B: Yes, he ________.

3 A: ________ they ________ a cold? (catch) B: Yes, they ________.

4 A: ________ the boys ________ soccer? (play) B: No, they ________.

5 A: ________ the man ________ the zoo? (visit) B: No, he ________.

B 우리말과 같은 뜻이 되도록 알맞은 단어를 연결하여 문장을 완성하세요.

1 우리가 또 실패했니? → ____________________

2 그녀가 드레스를 골랐니? → ____________________

3 너는 너의 개를 잃어버렸니? → ____________________

4 그가 너의 생일을 기억했니? → ____________________

5 엘리베이터가 갑자기 멈췄니? → ____________________

l-youngsin

30 게시물 15.7k 팔로워 80 팔로잉

우리말을 영어로 번역하여 SNS에 올려보세요!

1 그가 침대에서 떨어졌니? (fall off, the bed)

→ ______________________________

2 그녀가 마음을 바꿨니? (change, her mind)

→ ______________________________

3 네가 TV를 껐니? (turn off, the TV)

→ ______________________________

4 그들이 경기장을 건설했니? (build, the stadium)

→ ______________________________

5 너는 내 이메일을 받았니? (get, e-mail)

→ ______________________________

6 너의 부모님이 너를 걱정하셨니? (parents, worry about)

→ ______________________________

7 그들은 깜짝 파티를 계획했니? (plan, a surprise party)

→ ______________________________

8 기차가 제시간에 도착했니? (the train, arrive, on time)

→ ______________________________

9 너는 소피아 옆에 앉았니? (sit, next to, Sophia)

→ ______________________________

10 그들은 작년에 플로리다로 이사했니? (move to, Florida, last year)

→ ______________________________

좋아요 3,135개

#일반동사 #일반동사 과거시제 Yes / No 의문문 #Did+주어+동사원형 ~?

정답 P. 19

A 다음 문장을 완성한 후, 퍼즐에서 숨겨진 정답을 찾으세요.

1 Dad is __________ a cake.
아빠가 케이크를 들고 오신다.

2 The girl is __________ a teddy bear.
소녀는 곰 인형을 들고 있다.

3 Many sea turtles are __________.
많은 바다거북이 죽어가고 있다.

4 They were __________ around the table.
그들은 식탁에 둘러 앉아 있었다.

5 The sun was __________ yesterday.
어제 해가 빛나고 있었다.

h	i	r	s	u	e	c	k	s	j	s
j	b	u	w	s	h	i	n	i	n	g
r	m	r	c	g	s	w	r	t	c	u
f	g	n	i	y	d	p	s	t	k	i
c	y	t	d	n	x	c	y	i	j	e
n	j	s	c	v	g	f	w	n	h	w
q	b	h	o	l	d	i	n	g	s	d
p	c	w	d	c	f	v	n	b	p	f
r	z	j	r	o	s	j	w	g	o	b

B 다음 각 도형에서 우리말에 알맞은 단어를 하나씩 골라 문장을 완성하세요. (단, 중복사용 가능)

십이각형	삼각형	별	사각형	원
was is are were	not	I we the train she they	the game my cat now out loud the truth	washing telling losing laughing coming

1 나는 내 고양이를 씻기고 있었다. → ______________________

2 우리가 경기에서 지고 있니? → ______________________

3 기차가 지금 오고 있다. → ______________________

4 그녀는 진실을 말하지 않고 있다. → ______________________

5 그들은 큰 소리로 웃고 있었다. → ______________________

l-youngsin

30 게시물 15.7k 팔로워 80 팔로잉

우리말을 영어로 번역하여 SNS에 올려보세요! (단, 축약형으로 쓰지 말 것)

1 그녀는 지금 노래를 부르고 있다. (sing, now)

→ ______________________________

2 그들은 영화를 보고 있다. (watch, a movie)

→ ______________________________

3 아빠는 문에 페인트를 칠하고 계셨다. (my dad, paint, the door)

→ ______________________________

4 존은 지금 체육관에서 운동하고 있지 않다. (John, not, exercise, at the gym, now)

→ ______________________________

5 그들은 정원에서 일을 하고 있었니? (work, in the garden)

→ ______________________________

6 나의 개가 빠르게 달리고 있다. (my dog, run, quickly)

→ ______________________________

7 내가 너무 빨리 말을 하고 있니? (talk, too fast)

→ ______________________________

8 사람들은 지금 박수를 치고 있다. (people, clap, their hands)

→ ______________________________

9 그녀는 어젯밤 10시에 자고 있었니? (sleep, at ten, last night)

→ ______________________________

10 우리는 그때 스키를 타고 있지 않았다. (not, ski, at that time)

→ ______________________________

좋아요 2,411개

#시제 #현재 진행 / 과거 진행 #「am/are/is+-ing」, 「was/were+-ing」

조동사 can / may / must / will

정답 P. 19

A 다음 주어진 단어를 이용하여 문장을 완성한 후 답으로 피라미드를 만드세요.

(단, 조동사는 can, may, must, will 중에서 고를 것)

1 밤에 추울지도 모른다. (be)

→ It ____________________ cold at night.

2 제임스는 부자인 것이 틀림없다. (be)

→ James ____________________ rich.

3 나는 그것을 다시 시도할 것이다. (try)

→ I ____________________ it again.

4 그녀는 러시아어를 할 수 있다. (speak)

→ She ____________________ Russian.

5 너는 매일 운동해야 한다. (exercise)

→ You ____________________ every day.

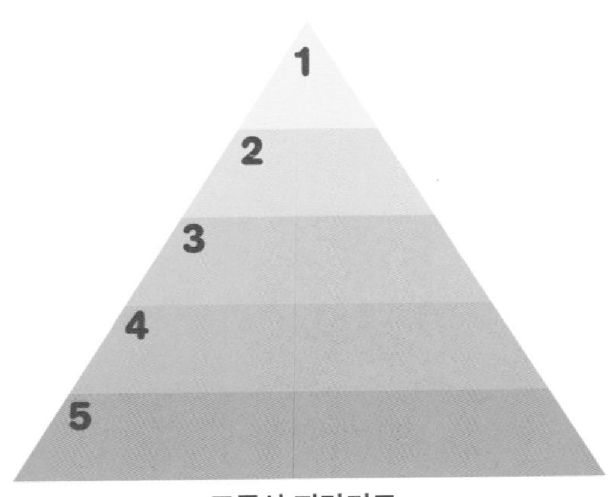

조동사 피라미드

B 다음 그림을 보고 주어진 단어를 바르게 배열하여 문장을 완성하세요.

1 
2 
3 
4 
5 

1 ____ (can't, you, I, hear)

2 ____ (I, you, may, help, ?)

3 ____ (rain, not, it, today, may)

4 ____ (will, the bus, soon, arrive, ?)

5 ____ (must, you, not, the glass, touch)

l-youngsin

30	15.7k	80
게시물	팔로워	팔로잉

우리말을 영어로 번역하여 SNS에 올려보세요! (단, 조동사는 can, may, must, will 중에서 고를 것)

1 그녀는 자신의 방을 청소해야 한다. (clean, her room)

→ ______________________________

2 너는 곧 돌아올 거니? (be back, soon)

→ ______________________________

3 나는 롤러코스터를 탈 수 없다. (ride a roller coaster)

→ ______________________________

4 너는 이 주스를 마셔도 좋다. (drink, this juice)

→ ______________________________

5 그는 바쁘지 않을지도 모른다. (be, busy)

→ ______________________________

6 켈리는 매우 아픈 것이 틀림없다. (Kelly, be, very, sick)

→ ______________________________

7 그들은 새 차를 살지도 모른다. (buy, a new car)

→ ______________________________

8 개구리들은 높이 뛸 수 있니? (frogs, jump high)

→ ______________________________

9 나는 같은 실수를 하지 않을 거야. (make, the same mistake)

→ ______________________________

10 너는 밤에 외출하면 안 된다. (go out, at night)

→ ______________________________

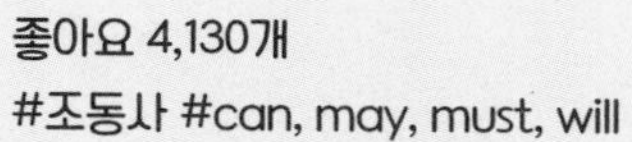

THIS IS GRAMMAR

Starter

FINAL REVIEW

정답 P. 20

1~2 다음 빈칸에 들어갈 말로 알맞은 것을 고르세요.

1 ________ have many books.

① He ② She ③ It
④ They ⑤ Sam

2 ________ she like chocolate?

① Is ② Was ③ Were
④ Do ⑤ Does

3~4 다음 빈칸에 들어갈 말이 바르게 짝지어진 것을 고르세요.

3

• My dad ________ at city hall.
• We ________ warm weather.

① work – enjoy ② work – enjoys ③ works – enjoy
④ works – does enjoy ⑤ does work – enjoys

4

• She ________ wear a school uniform.
• ________ you learn yoga?

① don't – Do ② don't – Did ③ don't – Does
④ doesn't – Do ⑤ doesn't – Does

5 다음 빈칸에 들어갈 현재시제의 부정문 형태가 나머지 넷과 다른 하나를 고르세요.

① She ________ talk much.
② I ________ remember him.
③ My brother ________ watch TV.
④ Kelly ________ have a cellphone.
⑤ He ________ play computer games.

6 다음 질문에 대한 대답으로 알맞은 것을 고르세요.

A: Does your sister paint well?
B: ____________________

① Yes, she do. ② Yes, he does. ③ Yes, she does.
④ No, he don't. ⑤ No, she don't.

7 다음 주어진 문장을 의문문으로 바르게 고친 것을 고르세요.

You get up early.

① Do you get up early? ② Do you gets up early?
③ Do you getting up early? ④ Does you get up early?
⑤ Does you gets up early?

8 다음 주어진 문장을 부정문으로 바르게 고친 것을 고르세요.

He rides his bike every day.

① He not rides his bike every day.
② He don't ride his bike every day.
③ He don't rides his bike every day.
④ He doesn't ride his bike every day.
⑤ He doesn't rides his bike every day.

9~10 다음 중 밑줄 친 부분이 어법상 어색한 것을 고르세요.

9 ① I need your advice. ② Sally keeps a diary.
③ My parents love me. ④ The train leaves at seven.
⑤ Ted and Jake goes to school together.

10 ① You does not look well. ② It doesn't taste good.
③ Do they meet Jim every day? ④ I don't understand the question.
⑤ Does Mr. Smith teach math at school?

11~12 다음 중 어법상 틀린 것을 고르세요.

11 ① Bill doesn't drive. ② She mixes vegetables.
③ Does Fred hates insects? ④ Do you want some water?
⑤ They don't sell furniture.

12 ① Do I know you? ② Cats catches mice.
③ The bird doesn't fly. ④ Does he take a walk?
⑤ We don't live in London.

13 다음 대화 중 자연스럽지 않은 것을 고르세요.

① A: Does it snow in winter? B: Yes, it does.
② A: Do we have a math class today? B: Yes, we do.
③ A: Do they speak French? B: No, they don't.
④ A: Does your dad cook well? B: No, he doesn't.
⑤ A: Do you sing well? B: Yes, I am.

14 다음 밑줄 친 ① ~ ⑤ 중 어법상 어색한 것을 고르세요.

I ① have an uncle. He is a chef. He ② works at an Italian restaurant. He makes great spaghetti and pizza, but he ③ doesn't cook any Korean foods. He often visits us, and my mom ④ cooks Korean foods for him. He really ⑤ enjoy them.

15 다음 우리말과 같은 뜻이 되도록 빈칸에 알맞은 말을 쓰세요.

1) 그들은 밤에 외출하지 않는다. (go)

→ They ______ ______ out at night.

2) 그녀가 설거지를 하니? (wash)

→ ______ she ______ the dishes?

16 다음 밑줄 친 부분을 바르게 고치세요.

1) My sister ⓐhave a bad cold. She ⓑstay in bed.

ⓐ ______ ⓑ ______

2) We ⓐnot eat meat, but we ⓑlikes fish.

ⓐ ______ ⓑ ______

17~18 다음 우리말과 같은 뜻이 되도록 주어진 단어를 바르게 배열하세요.

17 그들은 학교를 4시에 마치니? (they, at four, do, school, finish)

→ ______

18 나는 TV 뉴스를 보지 않는다. (do, I, watch, not, TV news)

→ ______

19~20 다음 우리말과 같은 뜻이 되도록 주어진 단어를 이용하여 문장을 완성하세요.

19 우리 엄마는 나를 걱정하신다. (my mom, worry about)

→ ______

20 그는 일찍 잠자리에 들지 않는다. (go to bed, early)

→ ______

1~2 다음 중 동사의 과거형이 잘못 연결된 것을 고르세요.

1 ① eat – ate ② hit – hitted ③ open – opened
④ drop – dropped ⑤ know – knew

2 ① get – got ② sit – sat ③ try – tried
④ give – gave ⑤ plan – planed

3~5 다음 빈칸에 들어갈 말로 알맞은 것을 고르세요.

3

________ you see James yesterday?

① Be ② Are ③ Do
④ Does ⑤ Did

4

Bella ________ a cake for me last Sunday.

① make ② makes ③ made
④ making ⑤ is making

5

It ________ an hour ago.

① isn't rain ② wasn't rain ③ don't rain
④ didn't rain ⑤ doesn't rain

6 다음 빈칸에 들어갈 말이 바르게 짝지어진 것을 고르세요.

• I ________ a letter to Luke today. • She ________ to Hawaii last summer.

① send – go ② send – goed ③ sent – goed
④ sent - went ⑤ sended – went

7~8 다음 대화의 빈칸에 들어갈 말로 알맞지 않은 것을 고르세요.

7

A: Did she stay home ____________?
B: No, she didn't.

① three hours ago
② last weekend
③ this afternoon
④ yesterday
⑤ now

8

A: Did I make a mistake?
B: ________________

① Yes, I did.
② Yes, you did.
③ No, you didn't.
④ Yes, you made a big mistake.
⑤ No, you did a great job.

9 다음 우리말을 영어로 바르게 옮긴 것을 고르세요.

그들은 기차를 타지 않았다.

① They took not the train.
② They not took the train.
③ They don't took the train.
④ They didn't take the train.
⑤ They didn't took the train.

10~11 다음 중 밑줄 친 부분이 어법상 어색한 것을 고르세요.

10

① Tim broke the window.
② I grew 8cm last year.
③ The team won the game.
④ Jessica writed interesting stories.
⑤ My dad came home early today.

11 ① He <u>didn't say</u> anything. ② <u>Did it snow</u> last night?
③ <u>Did they arrive</u> in Seoul? ④ I <u>didn't bring</u> my umbrella.
⑤ Nancy <u>did not likes</u> my gift.

12 다음 중 어법상 <u>틀린</u> 것을 고르세요.
① Did you took a test today?
② You didn't tell me about it.
③ I cut the pizza into eight slices.
④ We didn't invite Jenny to dinner.
⑤ She danced to the music.

13 다음 중 어법상 올바른 것을 고르세요.
① They leaved for Toronto yesterday.
② He didn't has time for rest.
③ Did your sister go out today?
④ She not buy a new jacket.
⑤ I carryed all the boxes.

14 다음 밑줄 친 ① ~ ⑤ 중 어법상 <u>어색한</u> 것을 고르세요.

> It was a sunny day today. My family ① <u>went</u> to the beach. We swam in the sea and ② <u>built</u> a sand castle. My sister and I ③ <u>collected</u> shells and ④ <u>putted</u> them into the bottle. We ⑤ <u>had</u> a really good time.
> * shell 조개껍데기

15 다음 주어진 단어를 이용하여 과거형 문장을 완성하세요.

1) The rain ______________ two hours ago. (stop)
2) Linda ______________ all night. (study)
3) They ______________ each other. (love)
4) He ______________ at the door. (stand)

16 다음 [보기]와 같이 문장을 바꿔 쓰세요.

보기 She bought a dress. (skirt)
→ She didn't buy a dress. She bought a skirt.

1) We played baseball. (soccer)
→ ____________________

2) He spoke in English. (German)
→ ____________________

17~18 다음 우리말과 같은 뜻이 되도록 주어진 단어를 바르게 배열하세요.

17 나는 그 소식을 어제 듣지 않았다. (did, the news, I, not, yesterday, hear)
→ ____________________

18 너는 어젯밤에 잘 잤니? (you, well, last night, sleep, did)
→ ____________________

19~20 다음 우리말과 같은 뜻이 되도록 주어진 단어를 이용하여 문장을 완성하세요.

19 그들은 7시에 기차를 탔다. (catch, the train, at seven)
→ ____________________

20 그녀가 너에게 인사했니? (say hello to)
→ ____________________

1 다음 동사의 -ing형이 잘못 연결된 것을 고르세요.

① lie – lying
② run – running
③ make – makeing
④ cry – crying
⑤ answer – answering

2~3 다음 빈칸에 들어갈 말로 알맞은 것을 고르세요.

2

Fred ________ dinner at that time.

① eat
② eating
③ is eating
④ was eating
⑤ were eating

3

The floor is wet. You ________ be careful.

① can
② can't
③ may
④ must
⑤ won't

4 다음 밑줄 친 부분과 의미가 같은 것을 고르세요.

You may borrow my textbook.

① are
② can
③ will
④ must
⑤ have to

5~6 다음 대화의 빈칸에 들어갈 말이 바르게 짝지어진 것을 고르세요.

5

A: ________ you waiting for Jenny now?
B: Yes, I ________.

① Do – do
② Do – am
③ Are – am
④ Are – do
⑤ Were – was

6

A: ________ Ted visit us tonight?
B: No, he ________.

① Is – isn't ② Was – wasn't ③ Must – can't
④ May – isn't ⑤ Will – won't

7 다음 중 밑줄 친 부분의 의미가 나머지 넷과 다른 하나를 고르세요.

① We must leave now. ② You must be quiet.
③ She must be excited. ④ He must drive carefully.
⑤ I must finish my homework.

8 다음 우리말을 영어로 바르게 옮긴 것을 고르세요.

우리는 지금 바다에서 수영을 하고 있다.

① We swim in the sea now.
② We swam in the sea now.
③ We swimming in the sea now.
④ We are swimming in the sea now.
⑤ We were swimming in the sea now.

9~10 다음 중 밑줄 친 부분이 어법상 어색한 것을 고르세요.

9 ① I'm reading a book. ② These plants are dieing.
③ She was smiling at me. ④ Are you listening to me?
⑤ They were sitting on the bench.

10 ① Can you cook well? ② You must do it again.
③ She may not be at home. ④ He won't coming to my party.
⑤ We'll go to the zoo tomorrow.

11~12 다음 중 어법상 <u>틀린</u> 것을 고르세요.

11 ① Are they playing soccer?
② I was walking to school then.
③ Lena is talking not to me now.
④ The kids were running in the playground.
⑤ Was she baking cookies at that time?

12 ① May I sit here?
② She may know the truth.
③ Will he join us for lunch?
④ I can't understand Chinese.
⑤ The book must is interesting.

13 다음 대화 중 자연스럽지 <u>않은</u> 것을 고르세요.
① A: I didn't eat anything today.
B: You won't be hungry.
② A: Can you solve this puzzle?
B: Yes. It's very easy.
③ A: The phone is ringing .
B: I will answer it.
④ A: Are they making Christmas cards?
B: Yes, they are.
⑤ A: Were you sleeping at eight last night?
B: No. I was doing the dishes.

14 다음 밑줄 친 ① ~ ⑤ 중 어법상 <u>어색한</u> 것을 고르세요.

A: ① <u>May I help</u> you?
B: Yes, please. I ② <u>am looking</u> for a scarf.
A: Okay. How about this? It ③ <u>must be</u> great on you.
B: Oh, that's nice. ④ <u>Can I try</u> it on?
A: Sure. Here is a mirror.
B: It looks nice on me. I ⑤ <u>will buying</u> it.

15 다음 주어진 동사를 진행형으로 바꿔 대화를 완성하세요.

1) A: Can I use your computer?
   B: Sorry, you can't. I ______________ it now. (use)

2) A: Were you doing your homework then?
   B: No. I ______________ a book. (read)

16 다음 빈칸에 알맞은 말을 [보기]에서 골라 쓰세요.

보기	must	can't	may not

1) He broke his leg. He ______________ walk or run now.
2) The traffic light is red. We ______________ stop.
3) I think I did poorly on the test. I ______________ pass the course.

17~18 다음 우리말과 같은 뜻이 되도록 주어진 단어를 바르게 배열하세요.

17 너는 그때 TV를 보고 있었니? (watching, you, TV, at that time, were)

→ ______________________________

18 너는 우리 집에 올래? (will, come, to my house, you)

→ ______________________________

19~20 다음 우리말과 같은 뜻이 되도록 주어진 단어를 이용하여 문장을 완성하세요.

19 내 고양이는 지금 소파에 누워 있다. (my cat, lie, on the sofa)

→ ______________________________ now.

20 너는 학교에 늦으면 안 된다. (you, be, late)

→ ______________________________ for school.

Memo

Memo

Memo

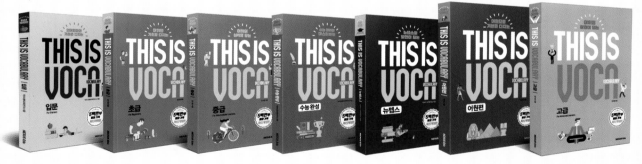

Vocabulary 시리즈

초등필수 영단어
1-2, 3-4, 5-6 학년용

This Is Vocabulary
입문, 초급, 중급, 고급, 수능완성, 어원편, 뉴텝스

The VOCA+BULARY
완전 개정판 1~7

Grammar 시리즈

OK Grammar
Level 1~4

초등필수 영문법+쓰기
1, 2

Grammar 공감
Level 1~3

Grammar 101
Level 1~3

도전 만점 중등 내신 서술형 1~4

Grammar Bridge
Level 1~3
개정판

The Grammar with Workbook
Starter
Level 1~3

그래머 캡처
1~2

This Is Grammar
Starter
1~3

This Is Grammar
초급 1·2
중급 1·2
고급 1·2

EXUS Edu

2

NEXUS Edu

UNIT 01
일반동사의 현재형

Check-up

P. 013

1 reads	2 builds	3 visits
4 makes	5 knows	6 jumps
7 ends	8 cries	9 thinks
10 drops	11 helps	12 dies
13 comes	14 gives	15 saves
16 goes	17 puts	18 arrives
19 worries	20 tries	21 stays
22 does	23 has	24 tells
25 mixes	26 flies	27 stops
28 shuts	29 flows	30 misses
31 speaks	32 hears	33 adds
34 catches	35 sends	36 digs
37 screams	38 looks	39 leaves
40 ties	41 wishes	42 laughs
43 sells	44 spins	

Grammar 충전하기 10%

P. 014

1 see, sees	2 go, goes	3 know, knows
4 run, runs	5 need, needs	6 looks, look
7 plays, play	8 jumps, jump	9 cries, cry
10 draws, draw		

해석

1 나는 북극곰을 본다. / 그는 북극곰을 본다.
2 우리는 일찍 잠자리에 든다. / 그녀는 일찍 잠자리에 든다.
3 그들은 답을 알고 있다. / 그녀는 답을 알고 있다.
4 우리는 학교로 달려간다. / 그는 학교로 달려간다.
5 너는 우리의 도움의 필요하다. / 그녀는 우리의 도움이 필요하다.
6 그 소녀는 예쁘게 보인다. / 그 소녀들은 예쁘게 보인다.
7 그 남자는 골프를 친다. / 그 남자들은 골프를 친다.
8 그 소년은 침대에서 뛴다. / 그 소년들은 침대에서 뛴다.
9 그 아기는 항상 운다. / 그 아기들은 항상 운다.
10 그 아이는 미술 시간에 동물들을 그린다. / 그 아이들은 미술 시간에 동물들을 그린다.

Grammar 충전하기 30%

P. 015

1 listen	2 have	3 sits
4 watches	5 flies	6 paint
7 stay	8 brushes	9 worries
10 catches		

Grammar 충전하기 50%

P. 016

1 He studies
2 We come
3 Mrs. Smith talks
4 She buys
5 My mom relaxes
6 I cross
7 It touches
8 Kelly and I go
9 My sister watches

해석

[보기] 나는 매일 창문을 닦는다.
우리 엄마는 매일 창문을 닦으신다.

1 그들은 열심히 시험공부를 한다. / 그는 열심히 시험공부를 한다.
2 션은 스웨덴 출신이다. / 우리는 스웨덴 출신이다.
3 내 이웃들은 말을 너무 많이 한다. / 스미스 부인은 말을 너무 많이 한다.
4 우리는 영화 티켓을 산다. / 그녀는 영화 티켓을 산다.
5 나는 소파에서 휴식을 취한다. / 우리 엄마는 소파에서 휴식을 취하신다.
6 그 아이는 여기서 길을 건넌다. / 나는 여기서 길을 건넌다.
7 그것들은 내 마음을 감동시킨다. / 그것은 내 마음을 감동시킨다.
8 그는 소풍을 간다. / 켈리와 나는 소풍을 간다.
9 우리는 저녁에 TV를 본다. / 우리 누나는 저녁에 TV를 본다.

Grammar 충전하기 70%

P. 017

1 He enjoys his life.
2 The train leaves every hour.
3 The shops close at nine.
4 Birds have wings.
5 The sun sets in the west.
6 The children play hide-and-seek.
7 Mexicans speak Spanish.
8 He gets a haircut
9 They practice the piano
10 The students take the school bus

Grammar 충전하기 90%

P. 018

1 We get out of school early.
2 She says goodbye.
3 The child watches the show.
4 They build schools.
5 데이비드는 카메라를 들고 다닌다.
6 그는 열심히 노력한다.
7 우리 아빠가 저녁을 요리하신다.

Grammar 충전하기 100%

P. 019

1 ③ 2 ① 3 ③
4 ④ 5 ⑤
6 1) pray 2) smiles
7 1) He does yoga every day.
2) You and Mr. Kim look healthy.
8 He teaches math at a middle school.
9 1) She misses her grandparents.
2) We do our homework.
10 He plays baseball after school.

해석

1 그는 고장 난 차를 수리한다.
2 나는 매일 과학을 2시간 동안 공부한다.
3 그녀는 매일 아침 자전거를 탄다.
4 그들은 요리를/노래를/수영을 잘 한다/춤을 잘 춘다/잠을 잘 잔다.
6 1) 우리는 매일 아침 평화를 위해 기도한다.
2) 스텔라가 나에게 미소 짓는다.
7 1) 그는 매일 요가를 한다.
2) 너와 김 씨는 건강해 보인다.
10 그들은 방과 후에 야구를 한다. → 그는 방과 후에 야구를 한다.

해설

1 동사가 3인칭 단수형으로 3인칭 단수 대명사 he가 와야 한다.
2 동사가 동사원형으로 1인칭 대명사 I가 와야 한다.
3 동사가 3인칭 단수형으로 3인칭 단수 대명사 she가 와야 한다.
4 주어가 3인칭 복수이므로 3인칭 단수 동사는 적절하지 않다.
5 주어가 단수명사로 3인칭 단수 동사가 와야 하며, 「자음+y」로 끝나는 동사는 y를 ies로 바꿔 3인칭 단수형을 만든다.
6 1) 주어가 1인칭 복수 대명사로 동사원형을 쓴다.
2) 주어가 단수명사로 동사의 3인칭 단수형을 쓴다.
7 1) 주어가 3인칭 단수 대명사로 3인칭 단수 동사가 와야 하며, -o로 끝나는 동사는 -es를 붙여 3인칭 단수형을 만든다.
2) 주어가 복수명사로 동사원형을 쓴다.
8 주어가 3인칭 단수 대명사로 3인칭 단수 동사가 오며 「주어+동사+목적어」의 어순으로 배열한다.
9 1) 주어가 3인칭 단수 대명사로 3인칭 단수 동사가 와야 하며, -ss로 끝나는 동사는 -es를 붙여 3인칭 단수형을 만든다.
2) 주어가 1인칭 복수로 동사원형을 쓴다.
10 he는 3인칭 단수 대명사로 3인칭 단수 동사가 와야 한다.

Grammar 카드 충전소

P. 021

◆	reads, cleans prays, stays	does, passes has	flies, cries
♥	like play	wash have	try
♣	likes plays	washes has	tries

해석

♥ 나는 생선을 좋아한다.
너는 설거지를 한다.
그들은 최선을 다한다.
남자아이들이 축구를 한다.
우리는 정오에 점심을 먹는다.

♣ 그것은 생선을 좋아한다.
그는 설거지를 한다.
그녀는 최선을 다한다.
그 남자아이는 축구를 한다.
샘은 정오에 점심을 먹는다.

UNIT 02
일반동사 현재형의 부정문

Grammar 충전하기 10%

P. 023

A

1 do not	2 does not	3 do not
4 does not	5 does not	6 do not

해석

1 나는 단 것을 좋아하지 않는다.
2 그는 나를 모른다.
3 너는 몸이 안 좋아 보인다.
4 그것은 잘 작동하지 않는다.
5 케이트는 고기를 먹지 않는다.
6 그들은 프랑스어를 모른다.

B

1 doesn't	2 don't	3 don't
4 doesn't	5 don't	6 doesn't

해석

1 그녀는 안경을 끼지 않는다.
2 우리는 시간이 많지 않다.
3 나는 너의 도움이 필요하지 않다.
4 마크는 차를 운전하지 않는다.
5 우리 부모님은 늦잠을 자지 않으신다.
6 그 영화는 곧 시작하지 않는다.

Grammar 충전하기 30%

P. 024

A

1 does, not	2 do, not	3 does, not
4 do, not	5 does, not	

B

1 doesn't, learn	2 don't, believe	3 don't, take
4 doesn't, open	5 doesn't, clean	6 don't have

해석

1 그는 기타를 배우지 않는다.
2 우리는 그의 이야기를 믿지 않는다.
3 그들은 요리 수업을 받지 않는다.
4 그 가게는 월요일에 문을 열지 않는다.
5 우리 형은 방을 청소하지 않는다.
6 새미와 나는 같이 점심을 먹지 않는다.

Grammar 충전하기 50%

P. 025

A

1 I do not[don't] exercise every day.
2 The students do not[don't] make noise.
3 My neighbor does not[doesn't] say hello to me.
4 He does not[doesn't] read a newspaper.
5 They do not[don't] enjoy winter sports.

해석

1 나는 매일 운동한다. / 나는 매일 운동하지 않는다.
2 그 학생들은 떠든다. / 그 학생들은 떠들지 않는다.
3 내 이웃은 나에게 인사한다. / 내 이웃은 나에게 인사하지 않는다.
4 그는 신문을 읽는다. / 그는 신문을 읽지 않는다.
5 그들은 겨울 스포츠를 즐긴다. / 그들은 겨울 스포츠를 즐기지 않는다.

B

1 does not[doesn't] work
2 do not[don't] keep a diary
3 does not[doesn't] go out
4 do not[don't] have a plan

Grammar 충전하기 70%

P. 026

1 He doesn't tell lies.
2 You don't remember me.
3 Mark doesn't ride a bike.
4 He doesn't talk too much.
5 We don't go mountain hiking.
6 My dad doesn't work on Saturdays.
7 She doesn't swim in the sea.
8 Hannah doesn't play the piano.
9 I don't play computer games.
10 They don't watch horror movies.

Grammar 충전하기 90%

P. 027

1 She does not[doesn't] drink coffee.
2 You do not[don't] like insects.
3 They do not[don't] take a rest.
4 It does not[doesn't] grow in the desert.
5 그는 혼자 살지 않는다.
6 나는 일찍 일어나지 않는다.
7 우리는 너의 충고를 원하지 않는다.

Grammar 충전하기 100%

P. 028

1 ②　2 ④　3 ⑤
4 ②　5 ③　6 ④
7 I do not[don't] know
8 She does not[doesn't] practice
9 He does not stay with us.
10 He does not[doesn't] listen to me.

해석

1 그녀는 운전을 하지 않는다.
2 나는 피자를 좋아하지 않는다.
3 그는 옷에 돈을 쓰지 않는다.
5 ① 그는 최선을 다하지 않는다.
② 그것은 전혀 움직이지 않는다.
③ 너는 피곤해 보이지 않는다.
④ 그녀는 숙제를 하지 않는다.
⑤ 우리 언니는 아침을 먹지 않는다.
6 케이트는 우리를 자주 방문한다. / 케이트는 우리를 자주 방문하지 않는다.
10 너는 내 말을 듣지 않는다. → 그는 내 말을 듣지 않는다.

해설

1 부정문의 형태가 「doesn't+동사원형」으로 3인칭 단수 대명사가 와야 한다.
2 주어가 복수이고, 빈칸 뒤에 동사원형이 있으므로 do not이 와야 한다.
3 주어가 3인칭 단수 대명사이고 빈칸 뒤에 동사원형이 있으므로 does not이 와야 한다.
4 주어가 3인칭 복수 대명사로 「do not(don't)+동사원형」의 형태가 되어야 한다.
5 ①, ②, ④, ⑤의 주어가 he, it, she, my sister로 「does not(doesn't)+동사원형」의 형태가 되어야 하고, ③의 주어가 you로 「do not(don't)+동사원형」의 형태가 되어야 한다.
6 주어가 단수명사로 「does not(doesn't)+동사원형」의 형태가 되어야 한다.
7 주어가 I로 「do not(don't)+동사원형」의 형태로 쓴다.
8 주어가 she로 「does not(doesn't)+동사원형」의 형태로 쓴다.
9 does not 다음에는 동사원형이 온다.
10 주어가 you(2인칭)에서 he(3인칭 단수)로 바뀌어야 하므로 don't를 does not(doesn't)로 바꾼다.

Grammar 카드 충전소

P. 030

♠ do, not, watch　does, not, take

◆ do not[don't] like　do not[don't] drink
do not[don't] wear　do not[don't] have

♥ does not[doesn't] like　does not[doesn't] drink
does not[doesn't] wear　does not[doesn't] have

해석

◆ 나는 피자를 좋아하지 않는다.
너는 커피를 마시지 않는다.
그들은 안경을 쓰지 않는다.
인간은 꼬리가 없다.

♥ 그는 피자를 좋아하지 않는다.
그녀는 커피를 마시지 않는다.
잭은 안경을 쓰지 않는다.
고릴라는 꼬리가 없다.

UNIT 03
일반동사 현재형의 Yes / No 의문문

Grammar 충전하기 10%

P. 032

A

1 Do	2 Does	3 Does
4 Do	5 Do	6 Does

해석
1 제가 당신을 아나요?
2 그것은 빨리 움직이나요?
3 켈리는 차를 마시니?
4 너는 채소를 좋아하니?
5 그들은 매운 음식을 즐기니?
6 그는 매일 체육관에 가니?

B

1 Do	2 Does	3 Do
4 Does	5 Do	6 Does

해석
1 너는 그녀를 사랑하니?
2 제이슨은 큰 소리로 웃니?
3 우리는 새 컴퓨터가 필요하니?
4 칼은 책을 많이 읽니?
5 그들은 학교에서 점심을 먹니?
6 너의 누나는 취미가 있니?

Grammar 충전하기 30%

P. 033

A

1 Does, stay	2 Do, swim	3 Do, need
4 Does, exercise	5 Do, wear	

B

1 Do, look	2 Does, sing	3 Does, go
4 Do, speak	5 Do, jump	6 Does, work

해석
1 나 괜찮아 보이니?
2 그녀는 노래를 잘 하니?
3 이 버스는 서울에 가니?
4 그들은 일본어를 하니?
5 너는 매일 아침 줄넘기를 하니?
6 너의 아빠는 우체국에서 일하시니?

Grammar 충전하기 50%

P. 034

A
1 Do, remember
2 Does, listen
3 Does, eat, does
4 Do, have, don't
5 Does, live, she, does

해석

	A	B
1	A: 너는 나를 기억하니?	B: 응, 그래.
2	A: 그녀는 클래식 음악을 듣니?	B: 아니, 그렇지 않아.
3	A: 짐은 중국 음식을 먹니?	B: 응, 그래.
4	A: 우리 오늘 수학 시험이 있니?	B: 아니, 그렇지 않아.
5	A: 너의 이모는 보스턴에 사니?	B: 응, 그래.

B
1 Do you trust her?
2 Do they respect him?
3 Does he learn the drums?
4 Does the museum open at ten?

해석
1 너는 그녀를 믿는다. → 너는 그녀를 믿니?
2 그들은 그를 존경한다. → 그들은 그를 존경하니?
3 그는 드럼을 배운다. → 그는 드럼을 배우니?
4 박물관은 10시에 연다. → 박물관은 10시에 여니?

Grammar 충전하기 70%

P. 035

1 Does she look excited?
2 Does he teach science?
3 Do they build bridges?
4 Does the movie begin at 4:30?
5 Do you like chocolate?
6 Does the store sell used books?
7 Do we have enough money?
8 Do the farmers grow rice?
9 Does your uncle cook breakfast?
10 Do Eric and Ian study for exams?

Grammar 충전하기 90%

P. 036

1 Do you get up at seven?
2 Does she dance well?
3 Does the boy walk to school?
4 Do they use social media?
5 너는 시간이 있니?
6 그녀는 커피 한 잔을 원하니?
7 그는 축구를 연습하니?

Grammar 충전하기 100%

P. 037

1 ④	2 ③	3 ②
4 ④	5 ⑤	6 ④
7 Do we need	8 Does she miss	

9 Do the students take a bus to school?
10 Does it snow a lot in winter?

해석

1 너는 애완동물이 있니?
2 그는/그녀는/그들은/켈리는/너의 형은 책을 좋아하니?
3 A: 그들은 야구를 하니? / B: 아니, 그렇지 않아.
4 A: 그녀는 빨간색 코트를 입니? / B: 아니, 그렇지 않아. 그녀는 검은색 코트를 입어.
5 ① 그것은 고기를 먹니?
② 그녀는 말이 많니?
③ 그는 공부를 열심히 하니?
④ 너의 엄마는 요리를 잘 하니?
⑤ 우리는 시간이 충분하니?
6 ① A: 너는 쿠키를 좀 원하니? / B: 응, 그래.
② A: 버스가 3시에 도착하니? / B: 아니, 그렇지 않아.
③ A: 아이들은 산타클로스를 믿니? / B: 응, 그래.
④ A: 샘은 자전거를 타니? / B: 아니, 그렇지 않아.
⑤ A: 나 예뻐 보이니? / B: 응, 그래.
10 겨울에 눈이 많이 내린다. → 겨울에 눈이 많이 내리니?

해설

1 주어가 you로 빈칸에는 Do가 와야 한다.
2 의문문이 「Does+주어+동사원형 ~?」의 형태로 빈칸에 3인칭 복수 대명사 they는 알맞지 않다.
3 주어가 they로 빈칸에는 Do, don't가 와야 한다.
4 주어가 she로 「Does+주어+동사원형 ~?」의 형태가 되어야 하므로 동사원형이, does로 물었으므로 doesn't가 와야 하며, 주어가 she로 wears를 고른다.
5 ①, ②, ③, ④의 주어가 it, she, he, your mom(단수명사)로 Does가, ⑤의 주어가 we로 Do가 와야 한다.
6 ④의 주어가 단수명사이고 does로 묻고 있으므로 isn't는 doesn't가 되어야 한다.
7 주어가 we가 되어야 하므로 「Do+주어+동사원형 ~?」의 형태로 쓴다.
8 주어가 she가 되어야 하므로 「Does+주어+동사원형 ~?」의 형태로 쓴다.
9 주어가 the students(복수명사)이고, 일반동사 현재시제 의문문이므로 「Do+주어+동사원형 ~?」의 형태가 되어야 한다.
10 주어가 it으로 「Does+주어+동사원형 ~?」의 형태로 쓴다.

Grammar 카드 충전소

P. 039

♠	Do, they, watch	Does, she, take
◆	I, don't	they, do
♥	he, doesn't	she, does

해석

◆ 너는 피자를 좋아하니?
응, 그래. / 아니, 그렇지 않아.
그들은 커피를 마시니?
응, 그래. / 아니, 그렇지 않아.
♥ 그는 피자를 좋아하니?
응, 그래. / 아니, 그렇지 않아.
제인은 커피를 마시니?
응, 그래. / 아니, 그렇지 않아.

UNIT 04
일반동사의 과거형

Check-up 1

P. 041

1 yesterday	2 two days ago	3 at that time
4 last night	5 this morning	

Check-up 2

P. 042

1 cried	2 liked	3 looked
4 played	5 dropped	6 lived
7 tried	8 arrived	9 showed
10 hurried	11 watched	12 changed
13 rubbed	14 kicked	15 reached
16 enjoyed	17 danced	18 missed

Check-up 3

P. 042

1 went	2 said	3 told
4 drove	5 knew	6 had
7 drank	8 slept	9 taught
10 flew	11 put	12 sold
13 forgot	14 chose	15 thought
16 read	17 sang	18 blew

Grammar 충전하기 10%

P. 043

1 learned	2 asked	3 opened
4 died	5 did	6 tried
7 stayed	8 stopped	9 cut
10 ran	11 sang	12 came

Grammar 충전하기 30%

P. 044

1 hurt	2 talked	3 knew
4 rained	5 wrote	6 studied
7 enjoyed	8 wanted	9 drove
10 watched		

Grammar 충전하기 50%

P. 045

A
1 We danced to the music.
2 They got home very late.
3 My mom hugged me tightly.
4 I worried a lot about you.
5 She went to France for holidays.

해석
1 우리는 음악에 맞춰 춤을 춘다. → 우리는 음악에 맞춰 춤을 췄다.
2 그들은 집에 아주 늦게 돌아온다. → 그들은 집에 아주 늦게 돌아왔다.
3 우리 엄마는 나를 꼭 안아주신다. → 우리 엄마는 나를 꼭 안아주셨다.
4 나는 너를 많이 걱정한다. → 나는 너를 많이 걱정했다.
5 그녀는 휴가로 프랑스에 간다. → 그녀는 휴가로 프랑스에 갔다.

B

1 We sat	2 He put
3 Ann cooked	4 They moved

Grammar 충전하기 70%

P. 046

1 He broke the mirror.
2 They liked each other.
3 I invited my friends.
4 The police caught the thief.
5 She dried her hair.
6 We had a good time.
7 Karen visited Rome last year.
8 The kids played with balloons.
9 The woman chose a diamond ring.
10 We planned a birthday party for David.

Grammar 충전하기 90%

P. 047

1 He skipped lunch.
2 I traveled [travelled] to Canada last year.
3 Ryan joined the soccer team.
4 They read many books.
5 우리는 신선한 우유를 마셨다.
6 네가 내 케이크를 먹었다.
7 나는 어제 그 소식을 들었다.

Grammar 충전하기 100%

P. 048

1 ⑤	2 ③	3 ⑤
4 ⑤	5 ①	6 ③

7 We baked cookies
8 He taught English
9 I got up early this morning.
10 My dad read the newspaper

해석

2 나는 며칠 전에 테드와 마크를 만났다.
3 • 우리는 어젯밤에 TV를 보았다.
 • 그녀는 그저께 집에 일찍 돌아왔다.
4 • 우리는 아까 그 영화를 즐겼다.
 • 그는 월요일 저녁에 설거지를 했다.
5 그는 내일/어제/지난 주말에/지난 금요일에/3일 전에 박물관에 갔다.
6 제인은 S마트에 간다. → 제인은 S마트에 갔다.
10 우리 아빠는 매일 신문을 읽으신다. → 우리 아빠는 어제 신문을 읽으셨다.

해설

1 ⑤의 write는 불규칙 변화 동사로 과거형이 wrote이다.
2 a few days ago가 있으므로 과거형 met이 와야 한다.
3 last night와 the day before yesterday가 있으므로 과거형 watched, came이 와야 한다.
4 earlier today와 on Monday evening이 있으므로 과거형 enjoyed, did가 와야 한다.
5 문장의 동사가 과거형으로 미래 시간 표현인 tomorrow(내일)는 알맞지 않다.
6 go의 과거형은 went이다.
7 bake의 과거형은 baked이다.
8 teach의 과거형은 taught이다.
9 this morning은 과거 시간 표현으로 get은 과거형 got이 되어야 한다.
10 yesterday는 과거 시간 표현으로 reads의 과거형 read를 쓴다.

UNIT 05
일반동사 과거형의 부정문

Grammar 충전하기 10%

P. 051

1 did, not, live	2 did, not, find
3 did, not, have	4 did, not, break
5 did, not, take	6 did, not, learn
7 did, not, believe	8 did, not, win
9 did, not, bring	10 did, not, work
11 did, not, watch	12 did, not, blow

해석

1 그들은 여기 근처에 살았다. → 그들은 여기 근처에 살지 않았다.
2 나는 답을 찾았다. → 나는 답을 찾지 못했다.
3 그는 작년에 차가 있었다. → 그는 작년에 차가 없었다.
4 나는 너의 휴대 전화를 망가뜨렸다. → 나는 너의 휴대 전화를 망가뜨리지 않았다.
5 그들은 지하철을 탔다. → 그들은 지하철을 타지 않았다.
6 배리는 기타를 배웠다. → 배리는 기타를 배우지 않았다.
7 케이트는 내 이야기를 믿었다. → 케이트는 내 이야기를 믿지 않았다.
8 그 팀이 경기에서 이겼다. → 그 팀은 경기에서 이기지 않았다.
9 그는 오늘 교과서를 들고 왔다. → 그는 오늘 교과서를 들고 오지 않았다.
10 그 컴퓨터는 작동을 했다. → 그 컴퓨터는 작동하지 않았다.
11 우리는 축구 경기를 보았다. → 우리는 축구 경기를 보지 않았다.
12 바람이 세게 불었다. → 바람이 세게 불지 않았다.

Grammar 충전하기 30%

P. 052

A

1 read	2 clean	3 did not know
4 did not enjoy	5 didn't study	6 didn't lose

B

1 didn't, try	2 didn't, make
3 didn't, forget	4 didn't, start
5 didn't, invite	6 didn't, understand

해석

1 그렉은 최선을 다하지 않았다.
2 너는 실수를 하지 않았다.
3 나는 너의 생일을 잊지 않았다.
4 서커스가 제시간에 시작하지 않았다.
5 그들은 그를 파티에 초대하지 않았다.
6 그녀는 러시아어를 이해하지 못했다.

Grammar 충전하기 50%

P. 053

A 1 I did not[didn't] eat 2 She did not[didn't] water
3 We did not[didn't] sleep 4 You did not[didn't] call
5 He did not[didn't] send

B 1 He did not[didn't] like my gift.
2 We did not[didn't] wait until noon.
3 Ben did not[didn't] have many friends.
4 She did not[didn't] finish her report yesterday.

해석

1 그는 내 선물을 마음에 들어 했다. → 그는 내 선물을 마음에 들어 하지 않았다.
2 우리는 정오까지 기다렸다. → 우리는 정오까지 기다리지 않았다.
3 벤은 친구가 많았다. → 벤은 친구가 많지 않았다.
4 그녀는 어제 보고서를 끝냈다. → 그녀는 어제 보고서를 끝내지 않았다.

Grammar 충전하기 70%

P. 054

1 They didn't help us.
2 I didn't have much time.
3 He didn't remember me.
4 We didn't see gorillas.
5 Carrie didn't ride the merry-go-round.
6 You didn't brush your teeth.
7 She didn't walk to school.
8 Alex didn't pass the test.
9 You didn't take your umbrella.
10 I didn't meet Fred last Friday.

Grammar 충전하기 90%

P. 055

1 They did not[didn't] trust anyone.
2 Mark did not[didn't] agree with me.
3 He did not[didn't] wash his face today.
4 The shop did not[didn't] open yesterday.
5 그는 말을 너무 많이 하지 않았다.
6 그녀는 오늘 일찍 일어나지 않았다.
7 나는 그 신발을 사지 않았다.

Grammar 충전하기 100%

P. 056

1 ⑤ 2 ④ 3 ③
4 ① 5 ④ 6 ④
7 We did not[didn't] visit
8 He did not[didn't] play
9 You didn't come to school today.
10 I did not[didn't] buy flowers for my mom.

해석

1 나는 어제 그녀를 만나지 않았다.
2 그녀는 쿠키를 굽지/즐기지/좋아하지/만들지/먹지 않았다.
4 ① 그는 지금 여기에 살지 않는다.
② 그녀는 그때 아무것도 알지 못했다.
③ 우리는 지난 일요일에 야구를 하지 않았다.
④ 나는 한 시간 전에 너의 컴퓨터를 사용하지 않았다.
⑤ 그들은 어제 집에 일찍 돌아오지 않았다.
5 ① 그는 어떤 말도 하지 않았다.
② 피터는 내 도움이 필요하지 않았다.
③ 너는 내 말을 듣지 않았다.
④ 그들은 벽에 페인트를 칠하지 않았다.
⑤ 그녀는 그 슬픈 소식에 울지 않았다.
6 • 나는 오늘 아침 체육관에 가지 않았다.
• 그들은 작년에 자신의 차를 팔지 않았다.
10 나는 우리 엄마께 드릴 꽃을 샀다.
→ 나는 우리 엄마께 드릴 꽃을 사지 않았다.

해설

1 yesterday가 있으므로 과거시제 부정문 did not이 와야 한다.
2 didn't 다음에는 동사원형이 와야 한다.
3 과거시제 부정문은 「did not + 동사원형」의 형태이다.
4 ①의 now는 현재 시간 표현으로 doesn't가 와야 하고, 나머지의 then, last Sunday, last night, yesterday는 과거 시간 표현으로 didn't가 와야 한다.
5 ④의 didn't 다음에 동사원형이 와야 하므로 painted가 paint가 되어야 한다.
6 this morning과 last year는 과거 시간 표현으로 「did not(didn't) + 동사원형」의 형태가 되어야 한다.
7 과거시제 부정문은 「did not(didn't) + 동사원형」의 형태이다.
8 과거시제 부정문은 「did not(didn't) + 동사원형」의 형태이다.
9 didn't 다음에는 동사원형이 와야 한다. didn't came → didn't come
10 과거시제 부정문은 「did not(didn't) + 동사원형」의 형태이다.

Grammar 카드 충전소

P. 058

♠ talked, liked, cried, played, stopped
cut, read, came, ate

♥ played, talked, wore, took

♣ did not [didn't] play　　did not [didn't] talk
did not [didn't] wear　　did not [didn't] take

해석

♥ 나는 축구를 했다.
그는 너무 많이 말했다.
줄리는 안경을 썼다.
그들은 버스를 탔다.

♣ 나는 축구를 하지 않았다.
그는 너무 많이 말하지 않았다.
줄리는 안경을 쓰지 않았다.
그들은 버스를 타지 않았다.

UNIT 06
일반동사 과거형의 Yes / No 의문문

Grammar 충전하기 10%

P. 060

A

1 Did	2 Did	3 Did
4 Did	5 Did	6 Did

해석

1 어젯밤에 비가 내렸니?
2 그는 어제 카렌을 만났니?
3 그는 일주일 전에 머리를 잘랐니?
4 너는 어젯밤에 뉴스를 봤니?
5 그들은 지난 주말에 캠핑을 갔니?
6 그녀가 오늘 아침에 발목을 다쳤니?

B

1 Did, have	2 Did, wait	3 Did, lose
4 Did, send	5 Did, leave	6 Did, borrow

해석

1 그들은 즐거운 시간을 보냈니?
2 그가 그녀를 기다렸니?
3 그녀는 지갑을 잃어버렸니?
4 네가 이 편지를 보냈니?
5 기차가 제시간에 떠났니?
6 내가 너에게 돈을 빌렸니?

Grammar 충전하기 30%

P. 061

A

1 Did, hear	2 Did, study	3 Did, keep
4 Did, enjoy	5 Did, play	

B

1 you, didn't	2 they, did	3 he, didn't
4 she, did	5 I, didn't	6 it, did

해석

1 A: 내가 실수를 했니?　B: 아니, 안 했어.
2 A: 그들이 새 소파를 샀니?　B: 응, 샀어.
3 A: 토니가 책 동호회에 가입했니?　B: 아니, 안 했어.
4 A: 제인은 학교에 왔니?　B: 응, 왔어.
5 A: 너는 어젯밤에 잘 잤니?　B: 아니, 못 잤어.
6 A: 그 쇼는 9시에 끝났니?　B: 응, 그랬어.

Grammar 충전하기 50%

P. 062

A
1 Did, Ally, push
2 Did, we, spend
3 Did, he, feed
4 Did, she, welcome
5 Did, you, forget

B
1 Did you pull my hair?
2 Did Justin break the rule?
3 Did they talk about sports?
4 Did he have a birthday party?

해석
1 네가 내 머리를 당겼다. → 네가 내 머리를 당겼니?
2 저스틴이 규칙을 어겼다. → 저스틴이 규칙을 어겼니?
3 그들은 스포츠에 대해 이야기했다. → 그들은 스포츠에 대해 이야기했니?
4 그는 생일 파티를 했다. → 그는 생일 파티를 했니?

Grammar 충전하기 70%

P. 063

1 Did she buy the book?
2 Did you fight with Jason after school?
3 Did you have a good weekend?
4 Did Emily know the truth?
5 Did she take a taxi last night?
6 Did they look happy then?
7 Did your cousin fix the clock?
8 Did he skip his class yesterday?
9 Did your family stay at the hotel last year?
10 Did they travel to China last summer?

Grammar 충전하기 90%

P. 064

1 Did Eric take many photos?
2 Did you bring your passport?
3 Did he laugh at me?
4 Did you and James have lunch?
5 그들이 그 게임에서 이겼니?
6 그가 창문을 닫았니?
7 네가 어젯밤에 나에게 전화했니?

Grammar 충전하기 100%

P. 065

1 ⑤ 2 ① 3 ④
4 ② 5 ① 6 ①
7 Did, we, buy
8 Did, he, cook
9 Did he come home late last night?
10 Did she finish the report last week?

해석
1 너는 어제 의사에게 진찰을 받았니?
2 그들은 집을 지었니/샀니/청소했니/페인트칠했니/팔았니?
3 A: 애나가 메시지를 남겼니? B: 응, 남겼어.
4 ① 너는 어제 아침에 기차를 탔니?
② 너의 아버지는 지금 은행에서 일하시니?
③ 우리는 지난겨울에 스키를 타러 갔니?
④ 그들이 아까 너를 방문했니?
⑤ 그녀는 어젯밤에 울었니?
5 ① 그들은 영어를 했니?
② 너는 점심을 가지고 왔니?
③ 테드는 즐거운 시간을 보냈니?
④ 너의 언니가 설거지를 했니?
⑤ 너의 부모님은 어젯밤에 외출하셨니?
6 ① A: 나 시험에 통과했니? B: 응, 통과했어.
② A: 그녀는 새 코트를 원했니? B: 아니, 원하지 않았어.
③ A: 이안이 너에게 많은 질문을 했니? B: 응, 했어.
④ A: 네가 포크를 떨어뜨렸니? B: 응, 떨어뜨렸어.
⑤ A: 지난겨울에 눈이 많이 내렸니? B: 아니, 안 그랬어.
10 그녀는 지난주에 보고서를 끝냈다. → 그녀는 지난주에 보고서를 끝냈니?

해설
1 yesterday가 있고, 주어 뒤에 동사원형 see가 있으므로 빈칸에는 Did가 와야 한다.
2 과거시제 의문문은 「Did+주어+동사원형 ~?」의 형태로 build가 쓰여야 옳다.
3 과거시제 의문문이고, 긍정의 대답으로 Did, did가 와야 한다.
4 ①, ③, ④, ⑤의 yesterday morning, last winter, earlier today, last night은 과거 시간 표현으로 Did가 와야 하고, ②의 now는 현재 시간 표현으로 Does가 와야 한다.
5 과거시제 의문문은 주어 다음에 동사원형이 온다.
6 did로 물어봤으므로 do가 아닌 did로 답해야 한다.
7 과거시제 의문문은 「Did+주어+동사원형 ~?」의 형태로 쓴다.
8 과거시제 의문문은 「Did+주어+동사원형 ~?」의 형태로 쓴다.
9 과거 시간 표현 last night가 있으므로 Does는 Did가 되어야 한다.
10 과거시제 의문문은 「Did+주어+동사원형 ~?」의 형태로 쓴다.

Grammar 카드 충전소

P. 067

◆ Did, she, take	Did, he, like	Did, they, watch
♥ she, didn't	he, didn't	they, did

해석

♥ 그녀는 버스를 탔니?
응, 탔어. / 아니, 안 탔어.
그는 아이스크림을 좋아했니?
응, 좋아했어. / 아니, 좋아하지 않았어.
그들은 그 영화를 봤니?
응, 봤어. / 아니, 안 봤어.

UNIT 07
현재 진행 / 과거 진행

Check-up 1

P. 069

1 working	2 teaching	3 reading
4 playing	5 living	6 writing
7 smiling	8 leaving	9 lying
10 dying	11 hitting	12 getting
13 beginning	14 putting	

Check-up 2

P. 070

1 taking	2 sleeping	3 sitting
4 studying	5 visiting	6 tying
7 flying	8 raining	9 coming
10 doing	11 learning	12 showing
13 talking	14 building	15 paying
16 practicing	17 having	18 drinking
19 riding	20 eating	21 cleaning
22 making	23 telling	24 swimming
25 shaking	26 crying	27 cutting
28 stopping	29 watching	30 saving
31 using	32 calling	33 helping
34 jogging	35 shining	36 looking
37 meeting	38 dancing	39 going
40 waiting	41 planning	42 walking
43 wearing	44 driving	

Grammar 충전하기 10%

P. 071

A	1 am	2 was	3 are
	4 were	5 are	6 was

해석

1 나는 지금 숙제를 하고 있다.
2 우리 엄마는 그때 머핀을 굽고 계셨다.
3 그 학생들은 지금 시험을 보고 있다.
4 우리는 그때 잔디에 앉아 있었다.
5 사람들은 지금 줄을 서고 있다.
6 그는 한 시간 전에 꽃에 물을 주고 있었다.

B 1 crying 2 lying 3 smiling 4 blowing 5 going 6 running

해석
1 그 소녀는 지금 슬프게 울고 있다.
2 우리는 지금 해변에 누워 있다.
3 그 남자는 그때 밝게 미소 짓고 있었다.
4 그녀는 지금 초를 불어서 끄고 있다.
5 우리는 그 당시에 시장에 가고 있었다.
6 그들은 몇 분 전에 버스로 달려가고 있었다.

Grammar 충전하기 30%

P. 072

1 am, brushing
2 are, growing
3 are, catching
4 is, not, studying
5 is, not, sleeping
6 Were, singing
7 were, building
8 was, not, helping
9 Were, moving
10 Was, talking

Grammar 충전하기 50%

P. 073

A 1 We are enjoying the party.
2 The magician is showing card tricks.
3 The children are jumping on the sofa.
4 They were fixing the roof.
5 Nick was traveling[travelling] with his family.

해석
1 우리는 파티를 즐긴다. → 우리는 파티를 즐기고 있다.
2 그 마술사는 카드 마술을 보여준다. → 그 마술사는 카드 마술을 보여주고 있다.
3 그 아이들은 소파에서 뛴다. → 그 아이들은 소파에서 뛰고 있다.
4 그들은 지붕을 고쳤다. → 그들은 지붕을 고치고 있었다.
5 닉은 가족과 여행했다. → 닉은 가족과 여행하고 있었다.

B 1 She is not[isn't] eating a hamburger.
Is she eating a hamburger?
2 He was not[wasn't] jogging in the park then.
Was he jogging in the park then?
3 You are not[aren't] writing a letter.
Are you writing a letter?

해석
1 그녀는 햄버거를 먹고 있다.
그녀는 햄버거를 먹고 있지 않다.
그녀는 햄버거를 먹고 있니?
2 그는 그때 공원에서 조깅을 하고 있었다.
그는 그때 공원에서 조깅을 하고 있지 않았다.
그는 그때 공원에서 조깅을 하고 있었니?
3 너는 편지를 쓰고 있다.
너는 편지를 쓰고 있지 않다.
너는 편지를 쓰고 있니?

Grammar 충전하기 70%

P. 074

1 The tree is dying.
2 She is dancing on the stage.
3 Many cars are crossing the bridge.
4 They are not riding a boat now.
5 Is the wind blowing hard now?
6 I was looking for my brother.
7 Chris was feeding his dogs.
8 We were swimming in the pool then.
9 I was not taking a shower at that time.
10 Were you following me?

Grammar 충전하기 90%

P. 075

1 The phone is ringing.
2 We were going on a picnic then.
3 Are you lying to me?
4 It was not[wasn't] raining at that time.
5 지금 손님들이 파티에 오고 있다.
6 나는 그때 차를 운전하고 있었다.
7 그녀는 스웨터를 만들고 있니?

Grammar 충전하기 100%

P. 076

1 ④ 2 ③ 3 ③
4 ⑤ 5 ② 6 ③
7 No, I'm not.
8 ⓐ is not[isn't] cleaning ⓑ lying
9 He was teaching the alphabet to the kids.
10 Are they taking a walk?

해석

3 그녀는 지금 기린을 그리고 있다.

4 • 제인, 너는 한 시간 전에 공부를 하고 있었니?
 • 벤과 제리는 그때 버스를 기다리고 있었다.

7 A: 너는 지금 우리 집에 오고 있니?
 B: 아니, 그렇지 않아. 나는 지금 공원에 가고 있어.

8 케이트는 지금 방을 청소하고 있지 않다. 그녀는 침대에 누워 있다.

9 그는 아이들에게 알파벳을 가르치고 있다. → 그는 아이들에게 알파벳을 가르치고 있었다.

10 그들은 산책을 하고 있다. → 그들은 산책을 하고 있니?

해설

1 ④의 「단모음+단자음」으로 끝나는 동사는 마지막 자음을 한 번 더 쓰고 -ing를 붙이므로 beginning이 되어야 한다.

2 ③의 -e로 끝나는 단어는 e를 빼고 -ing를 붙이므로 taking이 되어야 한다.

3 현재 진행은 「be동사의 현재형+-ing」의 형태이고 주어가 3인칭 단수이므로 is가 와야 한다.

4 과거 진행 의문문, 과거 진행 문장이고 주어는 2인칭과 3인칭 복수이므로 빈칸에는 were가 와야 한다.

5 과거 진행 부정문으로 「was/were+not+-ing」의 형태이고 주어가 3인칭 단수이므로 wasn't가 와야 한다.

6 현재 진행은 「be동사의 현재형+-ing」의 형태이고, cut은 「단모음+단자음」으로 끝나는 동사로 is cutting이 와야 한다.

7 우리 집에 오고 있는지를 묻는 질문에 공원에 가고 있다라고 대답하고 있으므로 빈칸에는 부정의 대답이 와야 한다. 질문의 주어가 you이고 현재 진행 의문문이므로 답은 No, I'm not.이 와야 한다.

8 현재 진행 부정문은 「be동사의 현재형+not+-ing」의 형태로 is not(isn't) cleaning이 되어야 하고, 현재 진행 문장으로 lie는 -ing형인 lying이 되어야 한다.

9 과거 진행은 「be동사의 과거형+-ing」의 형태로 is를 was로 바꿔 쓴다.

10 현재 진행 의문문은 「be동사의 현재형+주어+-ing ~?」의 형태로 Are they taking ~?로 바꿔 쓴다.

UNIT 08
조동사 can / may / must / will

Check-up P. 079

1 ~할 수 있다, ~해도 좋다
2 ~일지도 모른다, ~해도 좋다
3 ~해야 한다, ~임이 틀림없다
4 ~하겠다, ~일 것이다

Grammar 충전하기 10% P. 080

1 can	2 may	3 May
4 must	5 Will	6 will not
7 cannot	8 must	9 must not
10 will		

Grammar 충전하기 30% P. 081

1 can, play	2 cannot[can't], use	3 can[may], go
4 may, meet	5 may, not, be	6 will, miss
7 will, not, tell	8 must, see	9 May[Can], sit
10 Will, arrive		

Grammar 충전하기 50% P. 082

A
1 Can I speak to Mr. White?
2 You have to be careful.
3 Jenny is able to read German.
4 We are going to go to Hawaii.

해석

1 화이트 씨와 통화할 수 있을까요?

2 너는 주의해야 한다.

3 제니는 독일어를 읽을 수 있다.

4 우리는 하와이에 갈 것이다.

B
1 We will [are going to] knock on the door.
2 He must [has to] wear a seatbelt.
3 She may go to the movies.
4 The nurse may not know his face.
5 Ben can [is able to] speak two languages.
6 They must not [mustn't] cross the street here.

Grammar 충전하기 70%

P. 083

1 You must take a rest.
2 Can I ask a question?
3 You must not touch it.
4 She may be angry.
5 Bella can't use chopsticks.
6 Can you solve this puzzle?
7 I won't talk to him again.
8 He may not remember me.
9 John must have many friends.
10 Peter will travel to Paris next week.

Grammar 충전하기 90%

P. 084

1 She may come home early.
2 Nancy cannot [can't] eat spicy food.
3 Will you tell me the truth?
4 You must not [mustn't] talk during the test.
5 내가 창문을 열어도 될까?
6 그녀는 매우 운이 좋은 것임에 틀림없다.
7 나는 그 약속을 깨지 않을 것이다.

Grammar 충전하기 100%

P. 085

1 ④	2 ①	3 ③
4 ④	5 ②	6 must

7 can
8 This movie may not be interesting.
9 Amy is able to ride a horse.
10 You have to think carefully.

해석

2 샘이 오늘 밤 나에게 전화할지도 모른다.
3 너는 내 우산을 써도 좋다.
5 ① 그녀가 틀릴지도 모른다.
② 너는 일찍 떠나도 좋다.
③ 내일 눈이 내릴지도 모른다.
④ 그들이 상을 받을지도 모른다.
⑤ 그는 체육관에 있을지도 모른다.
9 에이미는 말을 탈 수 있다.
10 너는 신중하게 생각해야 한다.

해설

1 '~할 것이다'라는 의미로 의지를 나타내는 조동사는 will이다.
2 조동사 뒤에는 동사원형이 온다.
3 허가의 의미를 나타내는 can은 may로 바꿔 쓸 수 있다.
4 '~안 된다'라는 의미로 금지를 나타내는 조동사는 must not이다.
5 ①, ③, ④, ⑤의 may는 '~일지도 모른다'라는 의미로 추측을 나타내고, ②는 '~해도 좋다'라는 의미로 허가를 나타낸다.
6 '~해야 한다'라는 의미로 의무, '~임이 틀림없다'라는 의미로 강한 추측을 나타내는 조동사는 must이다.
7 '~할 수 있다'라는 의미로 능력, '~해도 좋다'라는 의미로 허가를 나타내는 조동사는 can이다.
8 '~없을지도 모른다'라는 의미가 되어야 하므로 may not을 써서 문장을 완성한다.
9 능력을 나타내는 can은 be able to로 바꿔 쓸 수 있다.
10 의무를 나타내는 must는 has to로 바꿔 쓸 수 있다.

WORKBOOK

UNIT 01

P. 088

A 1 has 2 finishes 3 put 4 rides 5 enjoy

	p				r				
		u			i				
			t		d				
					e				
			h	a	s	n			
							j		
								o	
f	i	n	i	s	h	e	s		y

B 1 The man pushes the door.
2 The kids catch fish.
3 The bird flies high.

해석
1 그 남자가 문을 민다.
2 그 아이들은 고기를 잡는다.
3 그 새는 높이 난다.

1 I pay ten dollars.
2 She always smiles at me.
3 He lies on the bed.
4 The farmers pick apples in the fall.
5 The boy sometimes tells a lie.
6 My grandmother lives alone.
7 Mary studies in the library.
8 The store sells shoes.
9 We get up late every day.
10 I feel tired now.

UNIT 02

P. 090

A 1 don't go 2 don't hate
3 don't fight 4 doesn't mean
5 doesn't spend

B 1 My parents don't know my secrets.
2 I don't play tennis.
3 The bus doesn't arrive on time.
4 We don't have enough food.
5 He doesn't forget anything.

1 I do not [don't] make a mistake.
2 He does not [doesn't] take the subway.
3 The dog does not [doesn't] look healthy.
4 The men do not [don't] speak English.
5 The printer does not [doesn't] work well.
6 They do not [don't] trust the woman.
7 She does not [doesn't] talk to me.
8 It does not [doesn't] eat fish.
9 The bird does not [doesn't] fly.
10 Children do not [don't] like vegetables.

UNIT 03

P. 092

A 1 Do 2 does 3 feel 4 don't 5 Does

B 1 Does he talk fast?
2 Do they take guitar lessons?
3 Does your sister cry often?
4 Do you finish school at four?
5 Do you and Alex study together?

1 Does he live in China?
2 Do you want more cookies?
3 Do I look sick?
4 Does she use the Internet?
5 Do the children play with a ball?
6 Do you sleep on the bed?
7 Do your parents work here?
8 Does it rain a lot?
9 Does Jason ride his bike after school?
10 Do you have time?

UNIT 04
P. 094

A 1 bought
2 used
3 jogged
4 married

해석
1 그는 작년에 새 차를 샀다.
2 나는 어제 그녀의 컴퓨터를 사용했다.
3 트레이시는 오늘 아침에 공원에서 조깅을 했다.
4 우리 삼촌은 지난달에 여자친구와 결혼했다.

B 1 She invited her friends two days ago.
2 They listened to music last night.
3 We studied in the library yesterday.
4 I saw him this morning.
5 My brother grew 10cm last year.

C 1 He ate all the food.
2 The car hit a tree.
3 The rain stopped in the afternoon.
4 The summer vacation started.
5 Kevin told a funny story.
6 We sang a song at the party.
7 I saved a lot of money last year.
8 They carried heavy bags.
9 She played the violin last night.
10 They left home early this morning.

UNIT 05
P. 096

A 1 didn't go
2 didn't eat
3 didn't read
4 didn't clean
5 didn't forgive

B 1 I did not live in this town.
2 You did not wash your hands.
3 They did not catch the bus.
4 Jerry did not know her well.
5 He did not answer my question.

C 1 The bus did not [didn't] come.
2 He did not [didn't] write poems.
3 The food did not [didn't] taste good.
4 She did not [didn't] travel alone.
5 I did not [didn't] feel anything.
6 The girl did not [didn't] wear rain boots.
7 We did not [didn't] go out last night.
8 The students did not [didn't] take the test.
9 I did not [didn't] see Tony this morning.
10 He did not [didn't] teach math last year.

UNIT 06
P. 098

A 1 Did, use, didn't
2 Did, get, did
3 Did, catch, did
4 Did, play, didn't
5 Did, visit, didn't

해석
1 A: 그 소녀는 포크를 사용했니? B: 아니, 안 했어.
2 A: 그는 시험에서 A⁺를 받았니? B: 응, 받았어.
3 A: 그들은 감기에 걸렸니? B: 응, 걸렸어.
4 A: 남자아이들은 축구를 했니? B: 아니, 안 했어.
5 A: 그 남자는 동물원을 방문했니? B: 아니, 안 했어.

B 1 Did we fail again?
2 Did she choose a dress?
3 Did you lose your dog?
4 Did he remember your birthday?
5 Did the elevator stop suddenly?

C 1 Did he fall off the bed?
2 Did she change her mind?
3 Did you turn off the TV?
4 Did they build the stadium?
5 Did you get my e-mail?
6 Did your parents worry about you?
7 Did they plan a surprise party?
8 Did the train arrive on time?
9 Did you sit next to Sophia?
10 Did they move to Florida last year?

UNIT 07

P. 100

A
1 bringing
2 holding
3 dying
4 sitting
5 shining

								s		
	b			s	h	i	n	i	n	g
		r						t		
	g	n	i	y	d			t		
				n				i		
					g			n		
		h	o	l	d	i	n	g		
							n			
								g		

B
1 I was washing my cat.
2 Are we losing the game?
3 The train is coming now.
4 She is not telling the truth.
5 They were laughing out loud.

1 She is singing now.
2 They are watching a movie.
3 My dad was painting the door.
4 John is not exercising at the gym now.
5 Were they working in the garden?
6 My dog is running quickly.
7 Am I talking too fast?
8 People are clapping their hands.
9 Was she sleeping at ten last night?
10 We were not skiing at that time.

UNIT 08

P. 102

A
1 may[can] be
2 must be
3 will try
4 can speak
5 must exercise

B
1 I can't hear you.
2 May I help you?
3 It may not rain today.
4 Will the bus arrive soon?
5 You must not touch the glass.

해석
1 나는 네 말이 안 들린다.
2 도와드릴까요?
3 오늘 비가 오지 않을지도 모른다.
4 곧 버스가 도착할까?
5 너는 유리를 건드리면 안 된다.

1 She must clean her room.
2 Will you be back soon?
3 I cannot[can't] ride a roller coaster.
4 You can[may] drink this juice.
5 He may not be busy.
6 Kelly must be very sick.
7 They may buy a new car.
8 Can frogs jump high?
9 I will not[won't] make the same mistake.
10 You must not[mustn't] go out at night.

Final Review

UNIT 01~03 P. 106

1 ④	2 ⑤	3 ③	4 ④	5 ②
6 ③	7 ①	8 ④	9 ⑤	10 ①
11 ③	12 ②	13 ⑤	14 ⑤	

15 1) don't, go
 2) Does, wash
16 1) ⓐ has ⓑ stays
 2) ⓐ don't ⓑ like
17 Do they finish school at four?
18 I do not watch TV news.
19 My mom worries about me.
20 He doesn't go to bed early.

해석

1 그들은 많은 책을 가지고 있다.
2 그녀는 초콜릿을 좋아하니?
3 • 우리 아빠는 시청에서 일하신다.
 • 우리는 따뜻한 날씨를 즐긴다.
4 • 그녀는 교복을 입지 않는다.
 • 너는 요가를 배우니?
5 ① 그녀는 말을 많이 하지 않는다.
 ② 나는 그를 기억하지 못한다.
 ③ 우리 오빠는 TV를 보지 않는다.
 ④ 켈리는 휴대 전화가 없다.
 ⑤ 그는 컴퓨터 게임을 하지 않는다.
6 A: 너의 여동생은 그림을 잘 그리니?
 B: 응, 그래.
7 너는 일찍 일어난다. → 너는 일찍 일어나니?
8 그는 매일 자전거를 탄다. → 그는 매일 자전거를 타지는 않는다.
9 ① 나는 너의 충고가 필요하다.
 ② 샐리는 일기를 쓴다.
 ③ 우리 부모님은 나를 사랑하신다.
 ④ 기차는 7시에 출발한다.
 ⑤ 테드와 제이크는 같이 학교에 간다.
10 ① 너는 안 좋아 보인다.
 ② 그것은 맛이 좋지 않다.
 ③ 그들은 짐을 매일 만나니?
 ④ 나는 그 문제를 이해할 수 없다.
 ⑤ 스미스 선생님은 학교에서 수학을 가르치시니?
11 ① 빌은 운전을 하지 않는다.
 ② 그녀는 채소를 섞는다.
 ③ 프레드는 곤충을 싫어하니?
 ④ 너는 물을 좀 원하니?
 ⑤ 그들은 가구를 팔지 않는다.
12 ① 내가 너를 아니?
 ② 고양이들은 쥐들을 잡는다.
 ③ 그 새는 날지 않는다.
 ④ 그는 산책을 하니?
 ⑤ 우리는 런던에 살지 않는다.
13 ① A: 겨울에 눈이 내리니?
 B: 응, 그래.
 ② A: 우리 오늘 수학 수업 있니?
 B: 응, 그래.
 ③ A: 그들은 불어를 하니?
 B: 아니, 그렇지 않아.
 ④ A: 너의 아빠는 요리를 잘 하시니?
 B: 아니, 그렇지 않아.
 ⑤ A: 너는 노래를 잘 하니?
 B: 응, 그래.
14 나에게는 삼촌이 있다. 그는 요리사이다. 그는 이탈리아 식당에서 일한다. 그는 맛있는 스파게티와 피자를 만들지만, 한국 음식은 요리를 못한다. 그는 자주 우리 집에 방문하고 우리 엄마는 그를 위해 한국 요리를 만드신다. 그는 그것들을 아주 잘 먹는다.
16 1) 우리 언니는 심한 감기에 걸렸다. 그녀는 침대에서 누워 있다.
 2) 우리는 고기를 먹지 않지만, 생선은 좋아한다.

해설

1 빈칸 뒤에 동사원형이 있으므로 They가 와야 한다.
2 주어가 3인칭 단수 대명사이고 주어 뒤에 동사원형이 있으므로 Does가 와야 한다.
3 My dad는 단수명사로 3인칭 단수 동사가, We는 1인칭으로 동사원형이 와야 한다.
4 She는 3인칭 단수 대명사로 doesn't, you는 2인칭으로 Do가 와야 한다.
5 ② 주어가 I로 don't가 오고 나머지는 주어가 3인칭 단수이므로 doesn't가 온다.
6 의문문이 Does로 시작하고 주어가 단수명사 your sister이므로 'Yes, she does.'로 대답한다.
7 주어가 2인칭 대명사로 「Do+주어+동사원형 ~?」의 형태의 의문문을 고른다.
8 주어가 3인칭 단수 대명사로 「주어+does not(doesn't)+동사원형」의 형태의 부정문을 고른다.
9 ⑤ 주어가 복수명사로 goes는 동사원형 go가 되어야 한다.
10 ① 주어가 2인칭 대명사로 does not은 do not이 되어야 한다.
11 ③ 주어가 3인칭 단수인 의문문은 「Does+주어+동사원형 ~?」의 형태로 hates는 hate가 되어야 한다.
12 ② 주어가 복수명사로 catches는 catch가 되어야 한다.
13 ⑤ 일반동사 의문문으로 'Yes, I do.'로 대답해야 한다.
14 주어가 3인칭 단수 대명사로 3인칭 단수 동사 enjoys가 되어야 한다.

15 1) 주어가 3인칭 복수 대명사로 「주어+do not(don't)+동사원형」의 형태가 되어야 한다.
2) 주어가 3인칭 단수 대명사로 3인칭 단수 현재형 동사가 와야 한다. -sh로 끝나는 동사는 -es를 붙여 3인칭 단수 현재형을 만든다.

16 1) 주어가 3인칭 단수(my sister, she)로 3인칭 단수 현재형 동사 has, stays가 되어야 한다.
2) 주어가 1인칭 복수 대명사(we)로 부정문의 형태는 「do not(don't)+동사원형」의 형태가 되어야 하고, 동사원형 like가 되어야 한다.

17 주어가 3인칭 복수 대명사로 「Do+주어+동사원형 ~?」의 형태로 쓴다.

18 주어가 1인칭 대명사로 「주어+do not(don't)+동사원형」의 형태로 쓴다.

19 주어가 단수명사로 3인칭 단수 동사가 와야 한다. 「자음+y」로 끝나는 동사는 y를 i로 바꾸고 -es를 붙인다.

20 주어가 3인칭 단수 대명사로 부정문은 「주어+does not(doesn't)+동사원형」의 형태가 되어야 한다.

UNIT 04~06

P. 110

1 ②	2 ⑤	3 ⑤	4 ③	5 ④
6 ④	7 ⑤	8 ①	9 ④	10 ④
11 ⑤	12 ①	13 ③	14 ④	

15 1) stopped
2) studied
3) loved
4) stood

16 1) We didn't play baseball. We played soccer.
2) He didn't speak in English. He spoke in German.

17 I did not hear the news yesterday.

18 Did you sleep well last night?

19 They caught the train at seven.

20 Did she say hello to you?

해석

3 너는 어제 제임스를 봤니?

4 벨라는 지난 일요일에 나에게 케이크를 만들어 주었다.

5 한 시간 전에는 비가 내리지 않았다.

6 • 나는 오늘 루크에게 편지를 보냈다.
• 그녀는 지난여름에 하와이에 갔다.

7 A: 그녀는 3시간 전에/지난 주말에/오늘 오후에/어제 집에 있었니?
B: 아니, 없었어.

8 A: 내가 실수를 했니?
B: ① 응, 내가 그랬어.
② 응, 그랬어.
③ 아니, 하지 않았어.
④ 응, 너는 큰 실수를 했어.
⑤ 아니, 너는 잘 했어.

10 ① 팀이 창문을 깼다.
② 나는 작년에 8cm 자랐다.
③ 그 팀이 경기에서 이겼다.
④ 제시카는 흥미로운 이야기들을 썼다.
⑤ 우리 아빠는 오늘 집에 일찍 돌아오셨다.

11 ① 그는 아무것도 얘기하지 않았다.
② 어젯밤에 눈이 내렸니?
③ 그들이 서울에 도착했니?
④ 나는 우산을 가지고 오지 않았다.
⑤ 낸시는 내 선물을 마음에 들지 않아 했다.

12 ① 너는 오늘 시험을 봤니?
② 너는 그것에 대해 나에게 얘기하지 않았다.
③ 나는 피자를 여덟 조각으로 잘랐다.
④ 우리는 제니를 저녁식사에 초대하지 않았다.
⑤ 그녀는 음악에 맞춰 춤을 췄다.

13 ① 그들은 어제 토론토로 떠났다.
② 그는 쉴 시간이 없다.
③ 너의 언니는 오늘 외출했니?
④ 그녀는 새 재킷을 사지 않았다.
⑤ 내가 상자들을 다 옮겼다.

14 오늘은 화창한 날이었다. 우리 가족은 해변에 갔다. 우리는 바다에서 수영을 하고 모래성을 만들었다. 내 여동생과 나는 조개껍데기를 모아서 병에 넣었다. 우리는 정말 즐거운 시간을 보냈다.

15 1) 비는 두 시간에 전에 그쳤다.
2) 린다는 밤새 공부했다.
3) 그들은 서로 사랑했다.
4) 그는 문가에 서 있었다.

16 [보기] 그녀는 드레스를 샀다.
→ 그녀는 드레스를 사지 않았다. 그녀는 치마를 샀다.
1) 우리는 야구를 했다. → 우리는 야구를 하지 않았다. 우리는 축구를 했다.
2) 그는 영어로 말했다. → 그는 영어로 말하지 않았다. 그는 독일어로 말했다.

해설

1 ② hit은 불규칙 변화 동사로 과거형은 hit이다.

2 ⑤ plan은 「단모음+단자음」으로 끝나는 동사로 마지막 자음을 한 번 더 쓰고 -ed를 붙이므로 planned가 되어야 한다.

3 과거 시간 표현 yesterday가 있고 주어 뒤에 동사원형(see)이 있으므로 과거시제 의문문이다. 빈칸에는 Did가 와야 한다.

4 과거 시간 표현 last Sunday가 있으므로 과거형 made를 고른다.

5 일반동사 과거시제 부정문은 「주어+did not(didn't)+동사원형」의 형태로 didn't rain을 고른다.

6 과거 시간 표현 today, last summer가 있으므로 과거형 sent, went를 고른다.

7 과거시제 의문문으로 현재 시간 표현 now는 알맞지 않다.

8 I로 물으면 you로 대답해야 한다.

9 일반동사 과거시제 부정문은 「주어+did not(didn't)+동사원형」의 형태이다.

10 ④ write의 과거형은 wrote이다.

11 ⑤ 일반동사 과거시제 부정문에서 did not 다음에는 동사원형이 온다.

12 ① 일반동사 과거시제 의문문에서 주어 다음에는 동사원형이 온다.
→ Did you take a test today?

13 ① leave는 불규칙 변화 동사로 과거형이 left이다. leaved → left
② didn't 다음에는 동사원형이 와야 한다. didn't has → didn't have
④ 일반동사 과거시제 부정문은 「주어+did not(didn't)+동사원형」의 형태이다. not buy → didn't buy
⑤ 「자음+y」로 끝나는 동사로 y를 i로 바꾸고 -ed를 붙이므로 carry는 과거형이 carried이다. carryed → carried

14 put은 불규칙 변화 동사로 과거형이 put이다.

15 1) 「단모음+단자음」으로 끝나는 동사로 마지막 자음을 한 번 더 쓰고 -ed를 붙인다.
2) 「자음+y」로 끝나는 동사로 y를 i로 바꾸고 -ed를 붙인다.
3) -e로 끝나는 동사는 -d를 붙인다.
4) stand는 과거형이 stood이다.

16 일반동사 과거시제 부정문은 「주어+did not(didn't)+동사원형」의 형태이다.

17 「주어+did not+동사원형+목적어」의 어순으로 문장을 쓴다.

18 일반동사 과거시제 의문문으로 「Did+주어+동사원형 ~?」의 어순으로 문장을 쓴다.

19 catch는 불규칙 변화 동사로 과거형이 caught로 「주어+caught+목적어」의 어순으로 문장을 쓴다.

20 일반동사 과거시제 의문문으로 「Did+주어+동사원형 ~?」의 어순으로 문장을 쓴다.

UNIT 07~08

P. 114

1 ③	2 ④	3 ④	4 ②	5 ③
6 ⑤	7 ③	8 ④	9 ②	10 ④
11 ③	12 ⑤	13 ①	14 ⑤	

15 1) am using
2) was reading

16 1) can't
2) must
3) may not

17 Were you watching TV at that time?

18 Will you come to my house?

19 My cat is lying on the sofa

20 You must not be late

해석

2 프레드는 그때 저녁을 먹고 있었다.

3 바닥이 젖었어. 너는 조심해야 해.

4 너는 내 교과서를 빌려가도 좋다.

5 A: 너는 지금 제니를 기다리고 있니?
B: 응, 그래.

6 A: 오늘 밤 테드가 우리를 방문할 거니?
B: 아니, 그렇지 않아.

7 ① 우리는 지금 떠나야 한다.
② 너는 조용히 해야 한다.
③ 그녀는 신이 나 있음이 틀림없다.
④ 그는 조심해서 운전해야 한다.
⑤ 나는 내 숙제를 끝내야 한다.

9 ① 나는 책을 읽고 있다.
② 이 식물들은 죽어가고 있다.
③ 그녀는 나에게 미소 짓고 있었다.
④ 너 내 말을 듣고 있니?
⑤ 그들은 벤치에 앉아 있었다.

10 ① 너는 요리를 잘 할 수 있니?
② 너는 그것을 다시 해야 한다.
③ 그녀는 집에 없을지도 모른다.
④ 그는 내 파티에 오지 않을 것이다.
⑤ 우리는 내일 동물원에 갈 것이다.

11 ① 그들은 축구를 하고 있니?
② 나는 그때 학교에 걸어가고 있었다.
③ 레나는 지금 나에게 말을 하고 있지 않다.
④ 아이들은 놀이터에서 뛰고 있었다.
⑤ 그녀는 그때 쿠키를 굽고 있었니?

12 ① 제가 여기 앉아도 될까요?
② 그녀는 진실을 알지도 모른다.
③ 그는 우리와 같이 점심을 먹을까?
④ 나는 중국어를 이해할 수 없다.
⑤ 그 책은 재미있는 것이 틀림없다.

13 ① A: 나 오늘 아무것도 못 먹었어.
B: 너는 배가 고프지 않을 거야.
② A: 너는 이 퍼즐을 풀 수 있니?
B: 응. 그것은 아주 쉬워.
③ A: 전화가 울리고 있어.
B: 내가 받을게.
④ A: 그들은 크리스마스 카드를 만들고 있니?
B: 응, 그래.
⑤ A: 너는 어젯밤 8시에 잠을 자고 있었니?
B: 아니. 설거지를 하고 있었어.

14 A: 도와드릴까요?
B: 네. 저는 스카프를 찾고 있어요.
A: 알겠습니다. 이것은 어떤가요? 그것은 틀림없이 당신에게 잘 어울릴 거예요.
B: 오, 멋지네요. 해봐도 될까요?
A: 물론이죠. 여기 거울이 있습니다.
B: 저에게 잘 어울리네요. 그것을 살게요.

15 1) A: 내가 너의 컴퓨터를 써도 될까?
B: 미안하지만, 안 돼. 내가 지금 쓰고 있어.
2) A: 너는 그때 숙제를 하고 있었니?
B: 아니. 나는 책을 읽고 있었어.

16 1) 그는 다리가 부러졌다. 그는 지금 걷거나 뛸 수가 없다.
2) 신호등이 빨간 불이다. 우리는 멈춰야 한다.
3) 나 시험을 망친 것 같다. 나는 (교육)과정을 통과하지 못할지도 모른다.

해설

1 ③ -e로 끝나는 동사는 e를 빼고 -ing를 붙인다.

2 at that time이 과거 시간 표현으로 과거 진행 was eating이 와야 한다.

3 '조심해야 한다'라는 의미가 되어야 하므로 의무를 나타내는 must가 와야 한다.

4 허가의 의미를 나타내는 may는 can으로 바꿔 쓸 수 있다.

5 현재 진행 시제 의문문이고 주어가 you로 Are가, 긍정의 대답으로 am이 와야 한다.

6 '방문할 거니?'라는 의미가 되어야 하므로 미래를 나타내는 will이, 부정의 대답으로 won't가 와야 한다.

7 ①, ②, ④, ⑤ '~해야 한다'라는 의미로 의무를 나타내고, ③ '~임이 틀림없다'라는 의미로 강한 추측을 나타낸다.

8 현재 진행은 「주어+be동사의 현재형+-ing」의 형태이다.

9 ② -ie로 끝나는 동사로 -ie를 y로 바꿔 -ing를 붙여야 하므로 dying이 되어야 한다.

10 ④ 조동사의 부정문은 「조동사+not+동사원형」의 형태로 coming은 come이 되어야 한다.

11 ③ 현재 진행 부정문은 「be동사의 현재형+not+-ing」의 형태로 is not talking이 되어야 한다.

12 ⑤ 조동사 다음에는 동사원형이 오므로 is는 be가 되어야 한다.

13 ① '아무것도 못 먹었다'는 말에 '너는 배가 고프지 않을 것이다'라는 대답은 자연스럽지 않다. 자연스럽게 대답하려면 won't be를 must be로 바꿔야 한다.

14 조동사 다음에는 동사원형이 오므로 buying은 buy가 되어야 한다.

15 1) 현재 진행은 「주어+be동사의 현재형+-ing」의 형태이다.
2) 과거 진행은 「주어+be동사의 과거형+-ing」의 형태이다.

16 1) '걷거나 뛰지 못한다'라는 의미가 되어야 하므로 can't가 와야 한다.
2) '멈춰야 한다'라는 의미가 되어야 하므로 must가 와야 한다.
3) '통과하지 못할지도 모른다'라는 의미가 되어야 하므로 may not이 와야 한다.

17 과거 진행 의문문은 「be동사의 과거형+주어+-ing ~?」의 형태이다.

18 조동사의 의문문은 「조동사+주어+동사원형 ~?」의 형태이다.

19 현재 진행은 「주어+be동사의 현재형+-ing」의 형태이다.

20 조동사의 부정문은 조동사 뒤에 not과 동사원형을 붙여 만든다.

Memo

기초 영문법의 시작

THIS IS GRAMMAR Starter

1
영어의 첫걸음을 위한
기초 영문법 포인트

2
간단하고
체계적으로 정리된
이해하기 쉬운 문법 설명

3
단어 → 구 → 문장
쓰기 훈련으로 이어지는
단계별 문법 충전하기

4
배운 내용을
실생활에 응용하는
EngGoGo 번역기 영작 훈련

5
중등 내신 문제로
마무리하고
실전에 대비하는
Final Review

6
창의적 활동으로
응용력을 키워주는
영문법+쓰기 워크북

www.nexusEDU.kr
www.nexusbook.com

Reading 시리즈

Reading 101 Level 1~3

Reading 공감 Level 1~3

THIS IS READING Starter 1~3

THIS IS READING 1~4 전면 개정판

Smart Reading Basic 1~2

Smart Reading 1~2

구사일생 BOOK 1~2

구문독해 204 BOOK 1~2

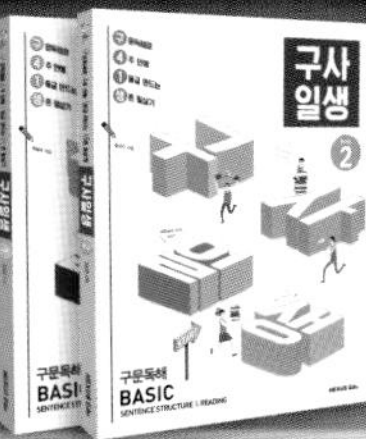

특단 어법어휘 모의고사 구문독해 독해유형

Listening / NEW TEPS 시리즈

Listening 공감 Level 1~3

After School Listening Level 1~3

The Listening Level 1~4

도전! 만점 중학 영어듣기 모의고사 Level 1~3

만점 적중 수능 듣기 모의고사 20회 / 35회

NEW TEPS 실전 300+ 실전 400+ 실전 500+

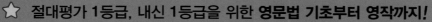